AF619368

VOCABULAIRE

DE MOTS

BASQUES BAS-NAVARRAIS.

VOCABULAIRE

DE

MOTS BASQUES BAS-NAVARRAIS,

TRADUITS EN LANGUE FRANÇAISE

PAR

M. SALABERRY (D'IBARROLLE),

Notaire à Saint-Jean-Pied-de-Port, premier Suppléant de M. le Juge de Paix, Membre du Conseil d'Arrondissement.

BAYONNE,

IMPRIMERIE DE VEUVE LAMAIGNÈRE NÉE TEULIÈRES,

Rue Pont-Mayou, 39.

1856.

A Son Altesse Monseigneur le Prince Louis-Lucien Bonaparte.

MONSEIGNEUR,

La renommée de Votre Altesse en Europe, comme linguiste, s'étendit jusqu'à nos montagnes. J'en eus connaissance; et j'appris en même temps qu'elle daignait s'occuper spécialement de la langue basque.

Cette langue était la mienne; je l'avais étudiée en elle-même, en comparant ses principes avec ceux de la langue française, dans la pratique à laquelle j'étais forcé dans diverses fonctions publiques que je remplissais et que je remplis encore.

J'avais commencé à transcrire mes observations, et après avoir reçu des conseils bienveillants, j'avais composé un VOCABULAIRE BASQUE-FRANÇAIS, *dialecte Bas-Navarrais.*

Aussitôt que je fus instruit de la prédilection de Votre Altesse pour ma langue maternelle, je pris la liberté de lui soumettre mon travail. Elle n'eut pas d'abord le temps de s'en occuper; mais elle voulut bien me faire répondre par son Secrétaire des commandements « qu'elle projetait de venir dans ce pays et qu'elle serait charmée de me voir. » *(Lettre du 3 Juin 1853).*

Trois années d'intervalle n'ont pas suffi pour lui faire oublier le contenu de cette lettre. Dès son arrivée, Votre Altesse me fit l'honneur de m'appeler et de m'admettre à plusieurs conférences où j'ai dû reconnaître sa haute capacité pour la langue basque; ce qui m'a causé, je l'avoue, le plus grand étonnement. Cet étonnement n'a pas de bornes pour ceux qui, comme moi, réfléchissent sur le peu de ressources qu'offrent les livres basques aux étrangers qui veulent apprendre cette langue.

Votre Altesse a daigné apprécier mon Vocabulaire en savant linguiste et enfin m'encourager avec bienveillance pour le livrer à l'impression.

Dans cet état de choses, Monseigneur, je prends la liberté de vous offrir l'hommage de ce même Vocabulaire, suppliant Votre Altesse d'en agréer la dédicace comme une preuve des sentiments de gratitude et de profond respect avec lesquels je suis,

Monseigneur,

De Votre Altesse,

Le Très-Humble et Très-Obéissant Serviteur,

SALABERRY (D'IBARROLLE).

Saint-Jean-Pied-de-Port, le 8 Septembre 1856.

AVANT-PROPOS.

Zûre mintzayiak ezagutarazten zitu,
Votre langage vous fait connaître.
(St Mathieu, chapitre xxvi, no 73.)

Né dans un village isolé de la Basse-Navarre et demeurant à Saint-Jean-Pied-de-Port, les fonctions municipales, judiciaires et du notariat, que j'y ai exercées et que j'y exerce encore, me mirent bientôt à même d'étudier et de pratiquer ma langue maternelle.

Je ne tardai point à reconnaître que les principes de la langue basque n'ont rien de commun avec ceux des autres langues, si ce n'est ceux de la Grammaire générale. La riche déclinaison de notre idiome, sa conjugaison si variée renfermée dans ses auxiliaires, pouvaient ne pas être bien connues par le monde savant, faute d'en avoir un exposé fidèle.

Dominé par un penchant irrésistible qui ne me laissait pas consulter mes moyens, je me mis à écrire mes observations sur cette langue et à composer un Vocabulaire. Je ne fis pas un mystère de mes efforts; je profitai de toutes les occasions pour soumettre mes essais à des personnes compétentes et qui eurent la bonté de m'écouter; j'en reçus toujours avec reconnaissance, sinon avec une docilité parfaite, des conseils sages et éclairés.

Je peux compter au nombre de ces personnages Mgr Lacroix, évêque de Bayonne; M. le maréchal Harispe, notre illustre compatriote; le savant M. Antoine d'Abbadie, membre de l'Institut; M. Harismendy, avocat, notaire à Baïgorry; M. l'abbé Dassance, chanoine; M. Fargues, préfet sous le premier Empire; M. Landerretche, archiprêtre de Mauléon, etc. J'espère que ceux d'entre ces Messieurs qui existent encore me pardonneront de les avoir nommés ici. Cette mention est pour moi un devoir de gratitude.

Enfin je composai un Vocabulaire basque. J'ai employé le dialecte Bas-Navarrais préférablement à d'autres, 1° parce que je le tiens de ma mère et qu'il m'est familier; 2° parce que, dans ma conviction, le basque le plus pur est celui que l'on parle aux environs de Saint-Jean-Pied-de-Port, surtout à Baïgorry, où il est en dehors de l'influence de langues étrangères.

Cette préférence ne m'a point empêché de considérer qu'un Vocabulaire ne saurait être trop riche ; j'y ai admis non-seulement tous les mots dont nous, Bas-Navarrais, connaissons la signification, mais encore quelques mots qui nous sont inconnus. J'ai eu, pour ceux-ci, le soin d'indiquer les auteurs qui en ont fait usage, ou bien le dialecte auquel ils appartiennent.

Par ce moyen, j'ai réuni, dans mon Vocabulaire, tous les mots basques usités en deçà des Pyrénées, ou s'il m'en est échappé, ils doivent être en petit nombre ; aussi j'ose croire que ce Vocabulaire est le meilleur et le plus complet des essais de cette nature qui ont paru jusqu'à ce jour.

Mon ouvrage terminé, je n'osais point m'avancer, lorsque j'ai eu récemment le bonheur de me trouver avec un auguste personnage dont la science linguistique égale la bienveillance. Il a examiné mon travail. Il l'a apprécié si bien, qu'avec son encouragement je le livre à l'impression.

Je l'ai fait précéder de quelques notes explicatives pour l'intelligence du lecteur.

NOTES EXPLICATIVES

POUR L'INTELLIGENCE

DU

VOCABULAIRE BASQUE-FRANÇAIS.

On ne peut bien connaître une langue qu'autant qu'on la sait lire et écrire ; chaque langue a son génie, ses principes qui se résument en usage. Il y a des lettres qui ont des valeurs différentes dans divers idiomes. Nous avons dû étudier et apprécier celles qui sont employées en basque. Nous remarquerons d'abord :

1° Qu'on lit et que l'on prononce cette langue, dans la Basse-Navarre, telle qu'elle est écrite, en observant chacune des articulations et les sons divers indiqués par les lettres, sans distinction des syllabes brèves et longues.

Partant de là et respectant ces principes, nous avons adopté, à l'égard de la consonne *g*, la méthode prescrite par M. Darrigol, supérieur du Séminaire de Bayonne, dans sa *Dissertation*, imprimée à Bayonne vers 1827, chez Duhart-Fauvet. Nous lui accordons l'articulation gutturale qui lui est naturelle avec les cinq voyelles *a*, *e*, *i*, *o*, *u*, et nous rejetons la voyelle *u*, qu'on interposait autrefois entre cette consonne *g* et les voyelles *e*, *i*, uniquement pour lui conserver son articulation gutturale. Ainsi nous écrivons *gero*, après; *gerla*, guerre; *gira*, nous sommes; *gisu*, chaux; au lieu de les écrire *guero*, *guerla*, *guira*, *guisu*, que les Basques, suivant leurs principes de lecture, devraient lire *gu-e-ro*, *gu-e-rla*, *gu-i-ra*, *gu-i-su*, mots qui, prononcés de cette manière, seraient inintelligibles.

Au surplus, le livre *Exerzizio Izpirituala*, imprimé en 1850, et le livre *Andre dena Mariaren botherea*, imprimé en 1854, se vendant à Bayonne chez Cluzeau, sont écrits d'après cette méthode.

2° Nous possédons une lettre dont l'usage nous a bien embarrassé; nous voulons parler de la consonne *c*, employée jusqu'à présent dans la presque totalité des ouvrages imprimés en deçà des Pyrénées. Nous avions pensé non-seulement à la conserver pour sa prononciation douce et naturelle, bien précieuse chez nous, mais encore nous aurions voulu en étendre l'usage avec dispense de la cédille, même au cas où elle précède les voyelles *a*, *o*, *u*, et la remplacer par la lettre *k* pour son articulation dure. Nous étions heureux d'avoir trouvé pour les Français des exemples à donner aux mots *Cicéron*, *Cécile*, *ceci*.

Mais M. l'abbé Landerretche, qui nous honorait de son amitié, qui succomba victime de son zèle pour son devoir pendant le choléra en 1855, que nous avions consulté, nous certifia que la consonne *z* est une lettre basque qui remplace fort bien dans notre langue la consonne *c*, produisant l'articulation douce. Cet ecclésiastique nous paraissait très-compétent sur cette matière.

Né à Saint-Jean-Pied-de-Port, élève de Saint-Sulpice à Paris, il avait été successivement, à Bayonne vicaire de la Cathédrale, en Labourt desservant pendan un certain nombre d'années, après à Sare, curé de Saint-Palais, et enfin archiprêtre à Mauléon. Nous fûmes converti par lui et nous avons aussi trouvé un exemple dans le livre *Exerzizio Izpirituala* sus-mentionné. Enfin, il nous était impossible de refuser, au milieu et à la fin des mots, à la lettre *z*, son concours indispensable pour l'articulation douce de la consonne *c*. Par exemple, à la déclinaison du cas médiatif n° 3 de notre Grammaire, *Parisez*, de Paris; *Bayonaz*, de Bayonne; *nitaz*, de moi; *hitaz*, de toi; *zutaz*, de vous; et surtout à l'adverbe négatif *ez*, d'un si grand usage, que l'on prononce dans tous les dialectes basques *ece*, en supprimant le son de la dernière voyelle *e*, selon les principes de la lecture française. Il nous serait difficiie de concevoir pourquoi, dans les deux mots des phrases suivantes : *ez* ZARE *ene adiskidea*, vous n'êtes pas mon ami; *ez zarete bide onean*, vous n'êtes pas sur la bonne voie, l'on doive repousser, au

2

dialecte Labourdin, la consonne *z* dans les mots *zare, zarete*, après lui avoir fait produire au mot *ez* une articulation semblable, et par quel motif on doive préférer d'écrire *ez* ÇARE, *ez çarete*. Dès lors, conformément à l'usage pratiqué dans les provinces transpyrénéennes, nous remplaçons la lettre *c* par la consonne *z* pour toutes ses articulations douces, et nous employons *k* en sa place pour ses articulations dures. Cette détermination nous paraît sans le moindre inconvénient, si toutefois *ka, ko, ku* produisent la même articulation que les monosyllabes *ca, co, cu*, comme nous ne pouvons en douter.

Il s'ensuit que nous réduisons l'usage de cette consonne *c*, à la seule articulation *cha, che, chi, cho, chu;* cependant nous devons avertir les lecteurs que la langue basque, n'admettant point l'articulation de la consonne *z*, comme les Français ni comme les Espagnols, sinon pour les noms propres, comme *Zacharie, Zélie, Zoé*, etc., ils doivent prononcer dans le basque l'articulation produite par cette consonne *z*, comme celle donnée par *c* aux mots *Cicéron, ceci.*

3° Nous avons aussi une articulation d'un grand usage qui se prononce *ya, ye, yi, yo, yu;* le lecteur français la trouve dans ces mots : *choyer, joyeux.*

4° Comme dans la langue castillane, nous avons dans la nôtre des articulations spéciales pour lesquelles nous avons dû admettre des consonnes doubles ; ce sont la lettre *l*, laquelle doublée produit l'articulation qu'on trouve dans les mots *fille, famille;*

La lettre *n*, laquelle doublée se prononce comme dans les mots *agneau, dignité, magnifique;*

Et la consonne *t*, laquelle doublée produit une articulation qui rapetisse celle de la consonne simple. La langue castillane offre l'exemple de ces deux articulations différentes ; la première se produit par le bout de la langue poussée entre les dents, et la seconde par le milieu de la langue portée au palais de la bouche.

Enfin nous avons encore une autre consonne formée de la réunion des deux lettres *p* et *h;* dans l'articulation, ces deux consonnes sont prononcées comme si elles étaient séparées, et néanmoins par une seule émission de voix. Ainsi nous prononçons *aphal*, bas, *aphez,* prêtre, comme si les deux syllabes de chaque mot étaient séparées; prononcez donc *ap-phal* et *ap-hez,* en prenant d'abord la première partie de chacun des deux mots *ap* et ensuite la seconde partie des mêmes mots commençant par la consonne aspirée *h;* nous avons donc la consonne articulant *pha, phe, phi, pho, phu,* sans avoir rien de commun avec celles *fa, fe, fi, fo, fu.*

5° Nous avons qualifié chaque mot par l'espèce à laquelle il appartient, suivant la classification grammaticale; chaque espèce est signalée par les abréviations ci-après.

6° Dans notre Grammaire basque, nous avons abordé toutes les difficultés que présentait la conjugaison riche et variée que possède cette langue; nous avons exposé les principes de cette conjugaison tant pour les verbes réguliers que pour les verbes irréguliers.

Nous aurions été heureux de trouver, dans la racine même du verbe, tous les éléments propres à connaître es modifications variées que chacun des verbes basque offre suivant les circonstances auxquelles se prête l'affirmation exprimée par ce même verbe.

Mais, après avoir considéré comme première base la radicale, dans son indéfinition absolue, nous avons trouvé qu'un certain nombre de ces radicaux à finales uniformes ne devenaient point cependant participes avec le secours de lettres identiques; ainsi les radicaux *igor*, envoyer, *idor*, sécher, ont des terminaisons uniformes; mais les participes passés qui en dérivent sont différents; nous disons: *igorri-dut*, je l'ai envoyé; *idor tu da*, il est séché.

Has, commencer; *has*, se dépouiller de sa veste, de son habit, pour se livrer à un travail laborieux, sont aussi uniformes au commencement, mais le premier radical a son participe passé en *i* et le second en *tu*; ainsi on dit: *pilotariak has-i dira bena ez ahal dira akhitzen anitz, ezik orano ez dira has-tu*, les joueurs de paume ont commencé la partie, mais ils ne paraissent pas se fatiguer beaucoup, car ils ne se sont pas encore dépouillés de leurs habits.

De là nous avons été conduit à subir, pour notre

Vocabulaire, la nécessité de faire suivre le radical du verbe de la finale qui le convertit en participe passé.

7° Il est reconnu par toutes les personnes qui se sont occupées plus ou moins de la langue basque, qu'elle ne distingue point le genre; on ne s'étonnera donc pas si nous nous contentons de donner les traductions de mots qu'on trouvera dans notre travail comme si elles s'appliquaient toutes au genre masculin. Chacun des lecteurs n'aura pas à faire un grand effort d'intelligence pour suppléer à cette lacune; par exemple, lorsque nous présentons le mot *eder*, adj., beau, et que l'on y apprenne qu'il faut traduire ces mots : *gizon eder*, par ces mots : bel homme, on en conclura que *emazte eder* se traduit par : belle femme.

8° Il ne sera peut-être pas inutile de faire observer que la voyelle *u* se prononce dans la langue basque comme le diphtongue *ou* dans la langue française. Cette prononciation, conforme à celle de beaucoup d'autres langues connues, reçoit néanmoins une exception en Soule et dans le canton de Saint-Palais, exception produite naturellement par les rapports des habitants de ces cantons avec les Béarnais leurs voisins.

Liste des abréviations pour distinguer chaque espèce de mots.

1° *S*............ Substantif.
2° *Adj*.......... Adjectif.
3° *Pr*........... Pronom.
4° *V*............ Verbe.
5° *Adv*.......... Adverbe.
6° *P. P*......... Post. position.
7° *Conj*......... Conjonction.
8° *Imp*.......... Impératif.
9° *Int*.......... Interjection.

Nous faisons observer ici qu'ayant démontré, dans notre Grammaire, que les participes passés, comme les participes présents, dérivent du radical du verbe, nous nous sommes contenté de spécifier chaque verbe par son radical que nous faisons suivre du monosyllabe qui le transforme en participe passé. La connaissance du radical et du participe passé suffira pour faire apprendre toutes les modifications que le verbe subit.

9° Enfin nous avons remarqué que certains radicaux ayant pour finale la consonne *r*, deviennent participes par la voyelle *i* qu'on y ajoute et que pour sa prononciation l'étranger pourrait se tromper en donnant à cette consonne *r* l'une des deux articulations forte et douce dont on trouve la distinction aux mots français *rareté* et *rire*. Pour éviter cet inconvénient, nous avons doublé la consonne finale *r*, et nous avons écrit : radical, *ekhar;* participe, *ekharr-i ; igor, igorr-i.*

A

A, s., première lettre de l'alphabet.

A, s., article au singulier, correspondant à l'article français *le, la*. Il se place à la fin du substantif ou de l'adjectif qui le qualifie. Au pluriel il fait *ak*.

Abachu, s., défaut.

Abandona, *abandona-tu*, v., abandonner, abandonné.

Abantail, s., avantage, profit.

Abanza, *abanza-tu*, v., avancer, s'avancer, avancé.

Abanzu, s., avance.

Abanzu, adv., presque.

Abar, s., branche propre à faire du feu.

Abaraki, s., lieu où se réfugient les bêtes à cornes, contre la chaleur et contre les mouches, dans les landes et les montagnes.

Abargia, s., terrain en taillis produisant des combustibles périodiquement, au moyen de la taille.

Abarizia, s., avarice.

Abarizios, adj., avare.

Abarka, s., chaussure grossière en usage aux Pyrénées espagnoles, faite avec du cuir, sans préparation soignée.

Abarrox, s., grand bruit.

Abata, s., loge des chasseurs au haut d'un arbre d'où ils observent la palombe.

Abatz, s., pile de matières, telles que fougère, ajonc, etc., arrangées sur de grosses branches attachées ensemble pour être transportées en la traînant.

Abazka, *abazka-tu*, v., mettre des matières en pile sur des branches pour être traînées.

Abaztorra, *abaztorra-tu*, v., éloigner avec défense de retour, avec disgrâce, avec violence.

Abendo, s., mois de décembre.

Abendo Saindu, s., Avent, terme de dévotion, mois consacré à la piété.

Aberax, adj., riche.

Aberax, *aberax-tu*, v., enrichir, s'enrichir, enrichi.

Abere, s., nom qui s'applique indifféremment aux bêtes chevalines, asines et à celles à cornes.

Aberti, *aberti-tu*, v., avertir, averti.

Abia, *abia-tu*, v., se mettre en mouvement pour marcher, se préparer à un travail, à une action.

Abiadura, s., mise en mouvement pour une action, commencement d'une action.

Aborri, v., détester, détesté.

Aborrigarri, adj., détestable.

Aburu, s., croyance confuse, espérance peu fondée.

Achal, s., écorce.

Acheri, s., renard.

Achincho, s., absinthe.

Achol, s., souci.

Achuri, s., agneau.

Achut! int., terme de mépris, de provocation, correspondant à ces mots : fuyez, lâches !

Adar, s., corne.

Adar, s., branche d'arbre.

Adarzu, adj., garni de mauvais nœuds.

Aderallu, s., brique.

Adi, *adi-tu*, v., entendre, entendu.

Adimendu, s., intelligence.

Adin, s., âge.

Adio, int., adieu.

Adiskide, s., ami.

Adiskidetarzun, s., amitié.

Adoga, *adoga-tu*, v., porter de petits soins à quelqu'un qui faiblit ou à quelque chose qui chancelle.

Adogu, s., secours accordé à quelqu'un qui faiblit, ou bien pour tenir debout quelque corps chancelant.

Adolla, *adolla-tu*, v. ouiller.

Adora, *adora-tu*, v., adorer, adoré.

Adoragarri, adj., adorable.

Adret, adj., adroit.
Adreza, s., adresse.
Adreza, *adreza-tu*, v., adresser, s'adresser, adressé.
Afal, *afal-du*, s., souper, soupé.
Afari, s., souper.
Afeita, *afeita-tu*, v., tailler une haie vive et l'enjoliver, taillé.
Afer, adj., paresseux.
Afer, *afer-tu*, v., devenir paresseux.
Afera, s., affaire, embarras.
Aferatu, adj., qui fait de l'embarras.
Aferkaria, s., paresse.
Afeta, *afeta-tu*, v., affecter, affecté.
Afetziona, *afetziona-tu*, v., affectionner, affectionné.
Afetzione, s., affection.
Afflichi, *afflichi-tu*, v., affliger, s'affliger, affligé.
Aflichimendu, s., affliction
Afrontu, s., affront.
Ager, *ager-tu*, v., paraître, apparaître, paru, apparu.
Ageri, adj., apparent, évident.
Agerian, adv., en évidence.
Agian, int., qui exprime un souhait vif, désir prononcé.
Agin, *agin-du*, v., commander, offrir.
Ago, v., imp. du verbe irrégulier *egon*, rester, à l'adresse d'une deuxième personne traitée familièrement, sans distinction de sexe : *habil*, *Bernard*, *Elizarat*, *eta hi*, *Letizia*, AGO *etchian;* Bernard, va à l'Eglise, et toi Letizia, reste à la maison.
Ago, affixe ou p. p. comparative, en dehors de l'objet comparé en plus ou en moins. *Zu beno zahar-ago niz*, je suis plus vieux que vous; *zuk beno guti* AGO *yan dut*, j'ai mangé moins que vous.
Aguador, adj., qui n'aime pas le vin et qui n'en boit point.
Agonia, s., agonie.
Agor, *agor-tu*, v., dessécher.
Agrabio, s., affront, synonyme du mot *afrontu*.
Agrada, *agrada-tu*, v., agréer, agrée.
Agudo, adj., adroit, leste, prompt.

Agur, s., salut, salutation.

Agur, int., terme avec lequel les Basques se saluent. Ce mot correspond au mot latin *Ave*.

Ahago, s., patience, herbe.

Ahagozi, s., salive.

Ahaide, s., parent.

Ahal, s., pouvoir, faculté, puissance, moyen.

Ahalge, s., honte.

Ahalge, *ahalge-tu*, v., devenir honteux, rougir.

Ahalgegabe, adj., impertinent.

Ahalge garri, adj., honteux par sa faute.

Ahalgekor, s., honteux, timide.

Ahamen, s., bouchée.

Ahamenda belhar, s., menthe, herbe.

Ahamenka, adv., par bouchée.

Ahardi, s., truie.

Ahardi, adj., qualité femelle de petit cochon.

Ahardi, s., pièce de bois du pressoir aux trous de laquelle s'adaptent les fuseaux pour presser.

Ahari, s., mouton.

Aharra, s., dispute violente.

Aharra, *aharra-tu*, v., se quereller avec violence, querellé.

Aharrari, s., querelleur.

Aharrosi, s., mouvement de la bouche, bâillant, action de bâiller.

Ahate, s., canard.

Ahatz, *ahatz-i*, v., oublier, oublié.

Ahatzatz, s., bélier.

Ahetz, s., habitant d'Ahescoa.

Ahi, *ahi-tu*, v., se fatiguer à l'excès, fatigué.

Ahizpa, s., sœur d'une ou de plusieurs autres sœurs.

Aho, s., bouche.

Ahotz, s., paille fort menue, pellicule qui a servi à envelopper le grain de froment ou de l'avoine, paille menue qui reste après la séparation du grain et de la grosse paille.

Ahul, adj., léger, de peu de valeur.

Ahulkia, s., convoi funèbre.

Ahunna, s., chevreau.

Ahuntz, s., chèvre.

Ahur, s., creux de la main

Ahuspe, adj., état d'une personne qui se tient prosternée, courbée jusqu'à terre.

Ahuspe, adv., se tenant ventre à terre. *Ahuspe bezik ozdirozu edan ithurri hortan*, vous ne pouvez boire de cette fontaine qu'en vous mettant ventre à terre.

Aidúru, adj., qui est en faction à attendre.

Aihen, s., cep de vigne.

Aiher, s., désir, envie, synonyme du mot *guthizia* et du mot *embeya*.

Aiher, s., sentiment de haine d'une personne envers une autre, désir de vengeance.

Aiherkunde, s., haine.

Aihotz, s., longue hache servant à couper des haies, des branches, même des ronces, etc.

Aingira, s., anguille.

Ainguru, s., ange.

Ainharba, s., araignée.

Ainhera, s., hirondelle.

Ainzin, ainzin-du, v., devancer, devancé.

Ainzina, adv., en avant.

Ainzina, *ainzina-tu*, v., avancer, s'avancer, avancé.

Ainzindari, s., chef, conducteur.

Ainzine, s., façade, partie antérieure d'un corps.

Ainzine, s., espace devant un corps quelconque.

Ainzineko, s., devancier.

Ainzinez-ainzin, adv., face à face.

Ainzinka, adv., à qui plus avancer, à mouvement empressé.

Aipha, *aipha-tu*, v., mentionner, mentionné.

Aira, *aira*, v., voler, s'envoler, volé.

Aire, s., air, l'air que nous respirons.

Aire, s., air, terme de musique.

Aire, s., allure.

Aise, s., aisé, facile.

Aise, adv., facilement.

Aita, s., père.

Aitaso, s., grand-père, aïeul.

Aithor, s., aveu.

Aithor, *aithor-tu*, v., avouer, avoué.

Aitoren-seme, s., gentilhomme.

Aitoren seme, adj., gentil homme.

Aitzur, s., bèche.

Aitzur, *aitzur-tu*, v., bécher, béché.

Aitzurrotch, s., trident, bident.

Aiyai, int., exprimant la surprise, la douleur.

Aiza, *aiza-tu*, v., jeter au vent, subir, faire subir l'action du vent, éventé.

Aize, s., vent.

Aizina, s., loisir.

Aizinatu, adj., qui dispose de son temps à loisir, sans que rien le presse.

Aizinaz, adv., à loisir.

Aizkora, s., hache.

Ak, article du pluriel, dont le singulier est la simple lettre *a; gizon*, homme; *gizon-a*, l'homme; *gizon-ak*, les hommes.

Akaba, *akaba-tu*, v., finir, achever, fini, achevé.

Akabo, int., tout est fini.

Akher, s., bouc.

Akhetch, s., verrat, pourceau mâle destiné à la saillie, synonyme du mot perret.

Akhit, *akhit-u*, v., fatiguer, se fatiguer, fatigué.

Akobi, *akobi-tu*, v., parvenir à un but, à un point désiré, parvenu.

Akusa, *akusa-tu*, v., accuser, accusé.

Akusazione, s., accusation.

Akzeta, *akzeta-tu*, v., accepter, accepté.

Ala, conj. d'alternative, ou; *hi, ala ni ?* toi ou moi?

Alaba, s., fille; enfant du sexe féminin, de tel ou de telle.

Alabadere, conj., dès que cela est ainsi.

Alabainan, conj., dès qu'il en est ainsi, synonyme d'*alabadere*.

Alabaizuna, s., fillâtre.

Alayinka, conj., de surprise, de dépit; ainsi donc.

Alburno, s., poisson de la grosseur de la truite environ, d'un goût fade, et plein d'arêtes.

Alcha, *alcha-tu*, v., se soulever, s'insurger, soulevé, insurgé.

Alcha, *alcha-tu*, v., lever, levé.

Alchagarri, s., levain.

Alchaprima, s., instrument servant de levier.

Alda, s., changement d'un lieu à un autre.

Alda, *alda-tu*, v. changer de place, de vestiaire, de domestique, changé.

Aldagarri, s., vestiaire de rechange.
Aldaka, s., extrait d'un bouquet, d'une branche d'arbre.
Aldaka, aldaka-tu, v., action des plantes qui poussent des branches; *ogiak bekhan dira bena aldakatuko dira*, les froments sont clair-semés, mais ils croissent en poussant et multipliant des branches.
Aldakari, adj., qui aime à changer.
Aldamu, s., échafaudage sur lequel les ouvriers montent pour travailler.
Aldara, aldara-tu, v., épargner sur les revenus, en mettre de côté pour les capitaliser ou les garder pour des besoins à venir.
Aldarainzine, s., sanctuaire.
Aldare, s., autel.
Aldarte, s., période suspensive d'action, de mouvement ou de travail.
Aldarte, s., intervalle d'une époque à l'autre.
Aldarteka, adv., profitant des périodes de suspension.
Alde, s., lieu rapproché d'un autre endroit.
Alde, p. p., favorable à, pour; *ene auzoak zure kontra eta nik zure* ALDE *yokhatzen dugu*, mon voisin parie contre vous et moi pour vous. Cette post-position demande un nom décliné au cas possessif.
Alderdi, s., côté d'un corps, d'une cause; *sagar hunek* ALDERDI *bat huna du eta berzia ustela*, cette pomme a un côté bon et l'autre pourri; *uste nien zutan adiskide bat niela bena yakin dut ene partidaren alderdia daukezula*, je croyais avoir en vous un ami, mais j'ai su que vous tenez du côté de mon adversaire.
Aldi, s., tour de parler, d'agir, etc.
Aldiz, conj. oppositive; *hire anaya yuanen duk merkatura hi aldiz etchean egonen hiz*, ton frère ira au marché et toi tu resteras à la maison.
Aldizka, adv., tour à tour.

Alea, *alea-tu*, v., alléguer, soutenir; allégué, soutenu de vive voix un fait, une cause.

Alegera, adj., gai, qui est gai, joyeux.

Alegera, *alegera-tu*, v., se réjouir, égayer.

Alegeraki, adv., gaîment.

Alegeranzia, s., gaîté, réjouissance. Cette expression annonce une gaîté de circonstance.

Alegeratarzuna, s., réjouissance, gaîté. Ce mot est un substantif vaguement exprimé.

Alegia, adv., feignant, cherchant à tromper par une feinte.

Alengi, *alengi-tu*, v., se fatiguer jusqu'à la faiblesse.

Alforcha, s., sacoche.

Alha, s., action des quadrupèdes qui broûtent de l'herbe.

Alha, *alha-tu*, v., broûter de l'herbe.

Alha, *alha-tu*,v., conduire des animaux à des pâturages de dehors.

Alhargun, s., veuf.

Alhargunsa, s., veuve.

Alharze, s., seuil.

Alhor, s., champ de terre labourable.

Alienzia, s., alliance.

Alis, adj., qualité du pain qui est lourd et qui n'a pas reçu l'effet du levain.

Alo, int., mot excitant à une action, à un mouvement prompt; *alo! goazen*, allons, partons, marchons; ALO! *habil berhala*, allons, va tout de suite.

Alokairu, s., prix du travail de la journée, de la semaine ou de toute autre période de temps.

Alta, conj. de regret ou de menace; ALTA *nahi zindien*, or donc vous vouliez; *alta dolutuko zauk*, or donc tu t'en repentiras.

Allhara, *allhara-tu*, v., s'altérer de colère ou de frayeur.

Alumet, s., allumette.

Alzau, s., tas de foin, de fougère, d'ajonc ou autres substances végétales de dimension telle qu'un seul homme peut le soulever et le manier avec une fourche.

Alzauka, alzauka-tu, v., réunir des substances végétales en petits tas de la forme et de la grosseur des *alzau*.

Alzeira, *alzeira-tu*, v., acérer.

Alzeira, s., acier.

Alzo, s., siége qu'une personne fait en s'asseyant sur une chaise ou sur un tabouret, et en présentant ses deux cuisses et ses genoux en parallèle pour y recevoir des enfants, etc.

Alzo, s., panier ou sac que les femmes forment momentanément en soulevant les bords de leurs tabliers, pour y porter leurs enfants ou autres choses.

Alzotra, s., ce que peut porter une femme dans son tablier.

Ama, s., mère.

Ama, *ama-tu*, v., devenir mère.

Ama, *ama-tu*, v., s'animer; ce verbe n'est en usage que pour le feu qui s'anime.

Amanda, s., amende.

Amarra, *amarra-tu*, v., amarrer, terme de marine, assurer un navire, en l'attachant par un câble au bord de l'eau, à un poteau qui s'y trouve.

Amarrain, s., truite.

Amarru, s., manière tenant de l'astuce, pour s'attirer de la confiance.

Amaso, s., grand'mère.

Amenga, *amenga-tu*, v., se venger.

Amengio, s., vengeance.

Amenx, adv., au moins.

Amerika, s., Amérique.

Amerikano, s., Américain.

Ametz, s., chêne à grosse écorce fort propre pour les tanneries, bois excellent pour le feu.

Ametztey, s., bois de chêne à grosse écorce.

Amex, s., rêve.

Amigo, s., ami, terme familier tiré de la langue castillane.

Amikuze, s., pays de Mixe.

Amikuztar, s., Mixain, qui est du pays de Mixe.

Aminno, s., un petit peu, un petit moment.

Amistanza, s., amitié intime.

Amodio, s., amour; on dit également *amorio*.

Amodioz, adv., avec affection.

Amoina, s., aumône, synonyme du mot *limosna*.

Amorante, s., concubine.

Amorekatik, conj., afin que; *othoizazu Yainkoa fidanzarekin amorekatik zure haurrek ixasoa igaran dezaten etchelic Amerikalat osagarriarekin*, priez Dieu avec confiance afin que vos enfants traversent la mer et arrivent en Amérique en bonne santé.

Amorekatik, conj., pour l'amour de; *laguntizatzu yende beharrak Yainkoaren amoreakatik*, assistez les pauvres gens pour l'amour de Dieu. Le mot propre serait *amoregatik*; par corruption on a substitué la lettre *k* à celle *g*.

Amu, s., hameçon.

Amulzu, s., affectueux.

Anchera, s., enchère.

Anchera, *anchera-tu*, v., vendre ou faire vendre aux enchères.

Andana, s., tour d'action, de mouvement.

Andana, s., production, à la fois, des fruits, des marchandises, des petits animaux; *mahax* ANDANA *bat bildu nuen dembora onean, bainan bertzeak euriak atzaman dauzkit, ustelzen dira*, j'avais cueilli une partie de raisins avec un temps favorable; mais les autres ont été surpris par la pluie : ils se pourrissent.

Andea, andea-tu, v., gâter.

Anderauren, s., femme de chambre.

Andere, s., demoiselle.

Anho, s., nourriture hebdomadaire du berger qui, séparé de sa famille, garde son troupeau loin de son domicile.

Anitz, adv., beaucoup. En plusieurs cantons on prononce et l'on écrit *hanitz*.

Anitzaldiz, adv., à plusieurs reprises.

Anitzez, adv., de beaucoup; *zu beno zaharrago niz anitzez*, je suis plus vieux que vous, de beaucoup.

Anka, s., hanche.

Ano, s., vin. En plusieurs endroits on prononce et l'on écrit *arno*.

Anonzioa, s., extrême-onction.
Antola, antola-tu, v., arranger, s'arranger, sur un différend entre divers, sur un procès, s'entendre et convenir pour l'exécution d'un projet.
Antola, antola-tu, v., mettre en ordre divers objets, raccommoder, etc.
Antsia, s., souci, avec inquiétude.
Anyereyer, s., belette.
Anzera, s., oie.
Anzu, adj., qualifiant toute femelle quadrupède qui n'est pas pleine.
Anzu, anzu-tu, v., sevrer, sevré. Ce verbe s'emploie pour l'espèce humaine comme pour les animaux.
Apairu, s., repas, synonyme du mot *orthoronza*.
Aparanzia, s., apparence.
Aparta, aparta-tu, v., éloigner, s'éloigner, séparer, se séparer, éloigné, séparé.
Apazea, apazea-tu, v., apaiser, s'apaiser, se calmer, apaisé, calmé.
Aphain, aphain-du, v., apprêter, préparer, apprêté, préparé; *ongi aphaindurik salsan chipak, arras on dire*, les vérons bien préparés en sauce sont fort bons.
Aphain, aphain-du, v., faire la toilette.
Aphain, aphain-du, v., raccommoder, raccommodé.
Aphaindura, s., parure.
Aphainduz, adv., en raccommodant; *yende chuhurrek iraunarazten duete bere arropei, ongi aphainduz*, les gens économes font durer leur vestiaire en les raccommodant bien.
Aphal, adv., bas.
Aphal, aphal-du, v., abaisser, abaissé.
Aphez, s., prêtre.
Aphez, aphez-tu, v., devenir prêtre, faire un prêtre d'un fils, d'un parent.
Aphiril, s., mois d'avril.
Aphur, s., chose fort petite, un petit extrait d'une chose.
Aphurbat, s., un petit peu d'une chose quelconque.
Aphurbat, s., petite durée du temps.
Aphurka, s., une très-petite partie d'une chose, de la poussière presque.
Aplaka, aplaka-tu, v., se calmer, calmé.

Aplika, *aplika-tu*, v., appliquer, s'appliquer, appliqué.

Apodera, *apodera-tu*, v., se préparer à une action. (Axular, p. 46.)

Apostu, s., pari, gageure.

Aprendiz, s. apprenti.

Ar, adj., mâle des animaux volatils.

Ar, *ar-i*, v., travailler, se mettre en action. Le grand usage de ce verbe AR a exigé un article spécial dans la Grammaire basque.

Ara, s., terme qui signifie la connaissance qu'un être intelligent possède des habitudes d'un ou de plusieurs individus ou bien de certaines localités. Cette connaissance est partagée entre les humains et les animaux.

Arabera, p. p., selon. Ce mot demande le nom qui le précède décliné au cas possessif; *egungo Ebangelioa San Luken* ARABERA-*da*, l'Evangile d'aujourd'hui est selon saint Luc.

Ararteko, s., intermédiaire, commissionnaire.

Ararlekotarzun, , s., protectorat.

Arau, p. p., selon. Ce mot est synonyme de celui *arabera*, plus employé que celui-ci dans le langage familier, mais bien moins dans celui qui exige de la gravité.

Arauez, adv., vraisemblablement. Dans quelques cantons on dit et l'on prononce *arabiz* ou *araiz*.

Arauka, adv., à proportion; *dembora arauka khondatzen dire intresak*, les intérêts se règlent à proportion du temps.

Arauxuka, adv., par à peu près, sans compter ni mesurer.

Arbi, s., navet, rave.

Arbole, s., arbre.

Arbuya, *arbuya - tu*, v., détester.

Ardai, s., amadou.

Ardaindegi, s., cave au vin. (Axular.)

Ardatchu, s., trace d'un mauvais nœud dans des pièces de bois.

Ardatchu, s., cor au pied.

Ardatz, s., fuseau.

Ardi, s., brebis.

Ardiex, *ardiex-i*, v., obtenir, obtenu.

Ardimihi, s., herbe des prairies en forme de langue de brebis.
Ardit, s., liard, petite monnaie de cuivre.
Ardura, adv., souvent.
Aretche, s., veau mâle ou femelle indifféremment, synonyme de *chahal*.
Argal, adj., clair-semé.
Argamas, s., cloison.
Argi, s., lumière, jour.
Argi, argi-tu, v., se faire jour.
Argi, s., chandelle.
Argi, argi-tu, v., éclairer, éclairé.
Argizagi, s., lune.
Argizaite, s., clarté provenant de la lune, clair de lune.
Argizale, s., celui qui éclaire.
Argoila, s., terme de vigneron, pampre taillé en lui laissant deux ou trois boutons qui doivent pousser les pampres productifs de l'année suivante.
Argument, s., argument.
Argument, s., raisonnement sur un ton élevé.
Arha, arha-tu, v., herser.
Arhan, s., prune.
Arhantze, s., prunier.
Arhe, s., herse.
Arhin, adj., léger.
Arhin, arhin-du, v., alléger, allégé.
Arhin, arhin-du, v., prendre une conduite légère, blâmable ; ce verbe ne s'emploie guère que pour les jeunes filles dont la conduite devient équivoque.
Arhinki, adv., légèrement.
Arima, s., âme.
Arkha, s., arche ; *Noeren arkha*, arche de Noë. Ce terme est bien conservé dans l'histoire sacrée chez les Basques, mais hors de là le mot *arkha* signifie, dans leur langue, un grand coffre où ils serrent leurs grains en totalité ou en partie.
Arkhara, adj., état de chaleur de la brebis.
Arkhinna, s., engrais de chèvres et de moutons.
Arku, s., arche. Terme d'architecture, espace cintré sous les ponts en pierre pour le passage de l'eau.
Arkuch, s., brancard à charrette, bois se divisant en fourche vers le milieu du timon.

Arlota, arlota-tu, v., s'amuser dans des cabarets ou mauvais lieux, faire le paresseux.

Arlote, s., bandit (Axular.)

Armanaka, s., almanach.

Arnes, s., outil.

Aro, s., saison ou disposition du temps favorable ou contraire au travail.

Arraberri, arraberri-tu, v., renouveler, renouvelé.

Arrabita, s., violon, terme de musique ou de ménétrier.

Arrabola, s., morceau de bois arrondi, dont les pâtissiers et les chocolatiers font usage pour presser leurs pâtes.

Arrabota, s., rabot.

Arrabota, arrabota-tu, v., polir avec le rabot, poli.

Arrada, adj., état d'un contenant rempli de grain ou autres objets, lequel contenant est plein au juste.

Arrada, arrada-tu, v., raser, rasé.

Arradaki, s., morceau de bois arrondi, synonyme du mot *arrabola*.

Arrahel, s., râle.

Arrai, adj., à figure joyeuse, agréable.

Arraia, s., signe au point où la balle s'est ou a été arrêtée au jeu de paume, établissant la ligne qui doit être dépassée pour gagner le point suivant.

Arrail, s., bûche.

Arrail, arrail-du, v., action de rompre un corps dur.

Arrain, s., poisson.

Arrainka, adv., à la pêche.

Arrainkari, s., pêcheur.

Arraka, s., débit extraordinaire de marchandises aux foires et marchés, au point qu'on a de la peine à en obtenir.

Arralleria, s., raillerie.

Arramanza, s., bruit.

Arrambela, s., arc tendu auquel les écheveaux sont exposés pour être blanchis en dehors et rendus propres à la couture.

Arranda, s., rente.

Arrangura, s., souci.

Arrano, s., aigle.

Arrapika, s., carillon.

Arrapika, arrapika-tu, v., carilloner, carilloné.

Arraposki, s., tranquillement, sans se presser.

Arrapostu, s., réponse; on dit aussi *errepostu*.

Arraro, adj., rare.
Arraro, arraro-tu, v., devenir rare.
Arraroki, rarement.
Arras, adv., tout à fait.
Arras, adj., ras.
Arrasa, arrasa-tu, v., raser, rasé.
Arraskatu, adj., tenace, cherchant à s'enrichir.
Arraspa, s., pain râpé.
Arrastela, *arrastela-tu*, v., râteler, râtelé.
Arrastelu, s., râteau.
Arrax, s., soir, nuit. On dit habituellement, par syncope, *ax*; *zato bihar ax-ian*, venez demain au soir; *etzi ax-a hautatu dute bilzarre hortako*, on a choisi, pour cette réunion, la nuit d'après-demain.
Arraxalde, s., période de temps, du midi à la nuit.
Arraxaldian, adv., après-midi.
Arrau, s., aviron.
Arraukari, s., avironnier.
Arraukari, adj., qui s'occupe d'avirons.
Arraza, s., race.
Arrazoin, s., raison.
Arrazoinda, *arrazoinda-tu*, v., raisonner, raisonné.
Arrazoinka, adv., en raisonnant.
Arrazoinkari, s., raisonneur.
Arrazoinkari, adj., raisonneur.
Arreba, s., sœur d'un frère ou de plusieurs frères.
Arrega, s., fraise.
Arren, conj., donc.
Arrestancha, s., ce qui reste de certains objets après l'enlèvement de la majeure partie.
Arrest, s., arrêt.
Arri, int., mot de muletier pour faire marcher les bêtes de somme.
Arriba, *arriba-tu*, v., arriver, arrivé.
Arrima, *arrima-tu*, se placer contre un corps quelconque.
Arrima, *arrima-tu*, v., placer tel objet contre tel autre.
Arrima, *arrima-tu*, v., se placer sous la protection de quelqu'un.
Arrimagia, s., endroit propre pour servir d'appui, de refuge, etc.
Arrimu, s., refuge.
Arroba, *arroba-tu*, v., voler, piller.

Arrolla, s., fossé, cavité prolongée, plus ou moins profonde, sur un corps.

Arrolze, s., œuf.

Arrotz, s., étranger.

Arrotz, *arrotz-tu*, v., devenir étranger.

Arrunt, adj., commun, sans recherche.

Arrunt, adv., sans qu'il y en reste aucun, sans intervalle.

Arrunta, *arrunta-tu*, v., faire usage d'un instrument, d'une partie ou de la totalité du vestiaire, sans réserve, à tout moment.

Arruntian, adv., communément.

Arrunter, adj., toile commune, faite néanmoins avec du lin dégagé de l'étoupe.

Arte, s., intervalle entre deux époques.

Arte, s., fente.

Arte, s., espace entre deux choses.

Artean, adv., dans l'intervalle.

Artean, p. p., pendant.

Arteka, s., fente étroite, espace étroit séparant deux corps.

Arteka, adv., en transportant à deux un objet placé entre les deux porteurs, qui en supportent le poids ensemble.

Artetik, adv., passant, entre deux extrémités.

Artetik, v., s'échappant ou laissant échapper d'entre deux corps, deux gardiens, etc.

Artetik, adv., parlant ou agissant, après une interruption subite d'une conversation, d'un travail, ou bien en les interrompant.

Artha, s., soin.

Artha, *artha-tu*, v., soigner.

Arthemehin, adv., il y a quelques jours.

Arthizar, s., belle étoile qui paraît à l'horizon, à l'est, annonçant l'aurore.

Artho, s., maïs.

Artho, s., pain de maïs.

Arthoski, adv., avec soin.

Artio, p. p., jusqu'à; *bihar* ARTIO, jusqu'à demain; *etzi* ARTIO, jusqu'après-demain.

Artzain, s., pasteur, berger.

Artzain goa, s., état de pasteur.

Artzainsa, s., bergère.

Artzain-hor, s., chien de berger.

Artzar, s., vieille brebis destinée pour la boucherie.

Asa, int., pour exciter l'attention, la mise en mouvement.

Asia, s., émotion violente qui se manifeste par des sanglots.

Asalda, *asalda-tu*, v., se fâcher avec émotion, trouble, violence.

Ase, s., nourriture soit des personnes, soit des animaux, en quantité suffisante pour les rassasier; ASE-*a behar du haur horek*, *ez du soldatarik galdetzen*, cet enfant a besoin de la nourriture qui le rassasie, il ne demande pas de gages.

Ase, adj., rassasié.

Ase, *ase-tu*, v., rassasier, se rassasier.

Aska, s., pétrin.

Askal, *askal-du*, v., déjeûner.

Askal ainzine, s., avant déjeûné.

Askal-ondo, s., après déjeûné.

Askari, s., déjeûné.

Askazi, s., parent.

Askazi, adj., parent.

Askaz goa, s., parenté.

Aski, adv., assez, suffisamment.

Askitan, adv., maintes fois.

Asko, s., certaine quantité.

Asko, adv., assez, synonyme de l'adverbe *aski*.

Askotan, adv., bien des fois.

Asma, *asma-tu*, v., flairer, flairé.

Asma, *asma-tu*, v., s'informer, informé.

Asmu, s., tact, talent pour deviner et reconnaître des objets qu'on ne voit pas.

Asmuka, adv., à tâtons.

Aspaldi, adv., il y a longtemps.

Aspaldidanik, adv., depuis longtemps.

Aste, s., semaine.

Astegun, s., jour de travail ; en opposition au mot *besta*, jour de fête.

Asteharte, s., mardi, mot corrompu : il devrait être *aste arte*, qui signifie littéralement entre le commencement et la fin de la semaine.

Asteka, adv., par semaine.

Astekari, s., nécessité hebdomadaire.

Astekari, s., moulande.

Astelehen, s., lundi.
Astezken, s., mercredi, mot corrompu syncope du mot *aste azken*, fin de la semaine.
Asti, s., loisir.
Asto, s., âne.
Astokeria, s., ânerie, bêtise.
Asun, s., ortie, herbe dont le contact brûle la chair qui la touche.
Atabala, s., tambour.
Atabala, *atabala-tu*, v., battre la caisse.
Ataka, *ataka-tu*, v., attaquer, attaqué.
Atch, int., cri annonçant une souffrance, une douleur.
Atchik, *atchik-i*, v., tenir, tenu.
Athalonda, *athalonda-tu*, v., chercher des renseignements secrets.
Athamenda, *athamenda-tu*, v., s'informer, synonyme du mot *athalonda*.
Athalondoka, adv., à la recherche de renseignements secrets.
Athe, s., porte.
Atheka, s., passage pour escalader un mur, une clôture, passage étroit.
Athela, s., cheville qui attache le timon au joug des animaux de trait.
Athela, *athela-tu*, v., atteler, attelé.
Ather, *ather-tu*, v., cesser de pleuvoir; *euria ather-tu du*, la pluie a cessé de tomber.
Athera, *athera-tu*, v., sortir hors la porte, hors telle limite.
Atherbe, s., abri quelconque contre la pluie.
Atheri, s., temps qui ne laisse point tomber d'eau; *atheri badugu egun*, *ilhuneko gure ogiak emanen ditugu atherbean*, si aujourd'hui il ne tombe point d'eau, nous aurons mis pour la nuit nos froments à l'abri de la pluie.
Atheri, adj., qualification du temps où il ne tombe pas d'eau.
Athorra, s., chemise d'homme.
Athorroihal, s., coupon de toile propre à une seule chemise d'homme.
Atira, *atira-tu*, v., attirer, s'attirer, attiré.
Atrebi, *atrebi-tu*, v., oser sans ménagement, osé.

Atrebitu, adj., hardi, impertinent.
Atun, s., thon, poisson.
Atzar, *atzar-tu*, v., réveiller, se réveiller, réveillé; *atzar gaiten*, réveillons-nous. Ce verbe, *atzar*, *atzar-zu*, est du dialecte labourdin, peu connu dans la Basse-Navarre, où l'on dit *iratzar*, *iratzar-tu*.
Atze, adj., non parent, étranger à la parenté de quelqu'un.
Atze, *atze-tu*, v., devenir étranger à la parenté de quelqu'un par suite de la production de degrés successifs.
Atzo, adv., hier.
Auga, s., osier.
Auga-tu, adj., maigri, affaibli jusqu'à perdre l'espoir du rétablissement des forces.
Auga, *auga-tu*, v., s'exténuer, perdre ses forces, affaibli à l'excès.
Augardient, s., eau-de-vie.
Augeta, s., sérénade.
Auhal, *auhal-du*, v., souper, soupé.
Auhari, s., souper.
Auhen, s., cri de détresse.
Auher, adj., inutile.
Auher, adj., paresseux.
Auher, s., objet de non valeur.
Aullet, s., aiguillette, petit cordon à bout de métal, servant à attacher les corsets, les chaussures, etc.
Aurhide, s., enfant, frère ou sœur de l'individu auquel cet enfant est comparé, sans distinction de sexe. Ce mot dérive évidemment de celui *haur-kide*, qui signifie littéralement : enfant de condition égale.
Aurizk, *aurizk-i*, v., presser un corps par la main ou par le pied, ou par tout autre corps.
Aurkhi, adv., ce soir, cette après-midi.
Aurkhi, s., surface ou extérieur d'un objet de vestiaire, le plus beau côté d'un tissu quelconque, d'une médaille, côté opposé à celui désigné par le mot *bimpher*, qui signifie revers.
Aurkhi, *aurkhi-tu*, v., trouver, trouvé.

Aurkhinze, s., partie spéciale d'un corps quelconque.
Aurni, *aurni-tu*, v., accorder, s'accorder, accordé.
Aurthen, adv., cette année-ci.
Aurthik, *aurthik-i*, v., lancer un corps, lancé.
Aurthik, *aurthik-i*, v., jeter, jeté.
Aurthik, *aurthik-i*, v., renverser ce qui est debout, renversé.
Ausarki, adv., abondamment, avec profusion.
Ausart, adj., osé, indiscret, hardi.
Ausarta, *ausarta-tu*, v., oser, osé.
Ausik, *ausik-i*, v., mordre, mordu.
Ausiki, s., morsure.
Ausikika, adv., en mordant.
Autrea, *autrea-tu*, v., raisonner, plaider, raisonné, plaidé.
Auzo, s., voisin.
Ax, s., nuit, synonyme du mot *arrax*, plutôt syncope du mot *arrax*.
Axaldaskari, s., repas d'après-midi, goûter.
Axalde, s., après-midi.
Axegabe, s., chagrin.
Axegin, s., plaisir.
Axtiri, s., chute du jour, le moment où l'on s'approche de la nuit.
Ayey, int. exprimant la surprise, la frayeur, la douleur.
Aza, s., choux.
Azar, *azarr-i*, v., excéder de reproches ou de mauvais traitements.
Azaro, s., mois de novembre.
Azau, s., gerbe, terme de laboureur ou moissonneur.
Azazkal, s., ongle.
Azi, s., semence.
Azika, *azika-tu*, v., exciter les chiens à l'attaque.
Azkabozka, adv., en action de gratter; *olloek chitei erakasten daete azkabozka*, les poules apprennent aux poussins à gratter la terre.
Azkabozka, *azkabozka-tu*, v., action des animaux volatiles qui grattent la terre avec leurs pattes, gratté.
Azkar, adj., fort.
Azkar, *azkar-tu*, v., devenir fort.
Azkara, adj., état de chaleur de la chèvre.

Azken, adj., le dernier du nombre.
Azken, s., restant, ce qui est de reste.
Azken, azken-du, v., laisser en arrière quelque chose par oubli ou par l'impossibilité de le faire suivre aux autres.
Azkon, s., blaireau, animal sauvage.
Azkor, s., fruit du lin en gousse.
Azpa, s., morceau de bois servant de chaussure à des traîneaux.
Azpi, s., cuisse.
Azpi, s., dessous (dialecte labourdin), synonyme du mot *pe;* dans quelques cantons on dit *azpi-an* et en d'autres *pean* (au-dessous.)
Azpil, azpil-du, v., terme de couturière, ourler.
Azta, s., poids; *azta-handi bat du paketa hunek bena ezdakit zer dauken*, ce paquet a un grand poids, mais j'ignore ce qu'il renferme.
Azta, azta-tu, v., essayer de deviner le poids d'un objet en le soulevant.
Azta, azta-tu, v., palper, palpé.
Azta, azta-tu, v., toucher un objet pour en connaître l'espèce.
Aztaka, adv., à tâtons.
Aztal, s., talon.
Aztalbeharri, s., cheville du pied.
Aztapar, s., patte.
Aztaparka, adv., à coup de patte, à coup d'ongle.
Azti, s., devin.
Aztura, s., vieille habitude.

B

B., s., seconde lettre de l'alphabet.
Ba, v., initiale des verbes affirmant la possession d'une chose; *ba-dut seme bat*, j'ai un fils; *ba-ditut hirur seme*, j'ai trois fils; *ba-dakit abaraxzirela*, je sais que vous êtes riche.

Ba, int., exclamation d'étonnement, ou de surprise, ou d'incrédulité.
Baanzut, int., réponse signifiant que l'interlocuteur est entendu.
Baatchuri, s., ail.
Baba, s., fève.
Babazizkor, s., giboulée.
Bachera, s., vaisselle.
Bachereile, s., potier.
Badetezbada, adv., qu'il y ait ou non.
Badirudi , v. impersonnel , il semble que. (Axular, page 173).
Bagant, s., journalier.
Bagantetche, s., habitation de la campagne occupée par des journaliers qui ne possèdent et qui n'exploitent ni fermes ni métairies.
Bahe, s., crible.
Bahi, adj., en état de saisie ; *Bernad-ek ene ahunza bahi dauke*, Bernard tient ma chèvre en état de saisie.
Bahi, bahitu-tu, v., saisir, pignorer, saisi, pignoré.
Bahola, bahola-tu, v., vanner, vanné.
Bai, adv., oui.
Baia, s., réponse affirmative ; *arrapostu bat behardut , baia edo ez-a*, il me faut une réponse, le oui ou le non.
Baiarta, s., brancard.
Bake, s., paix.
Bake , *bake-tu* , v., se réconcilier, réconcilié.
Bakhan , rarement ; dans quelques cantons on dit *bekhan*.
Bakhar, adj., unique.
Bakharka , adv. , un à un.
Bakharrik , adv. , isolément.
Bakhartarzun, s., solitude, isolement ; *bakhartarzun-a yende gutik dute maite*, peu de personnes aiment la solitude.
Bal, s., bal.
Balaka, *balaka-tu*, v., caresser, cajoler, soit des personnes, soit des animaux, pour les engager à faire ce qu'en désire l'individu qui cajole.
Balaku, s., caresse.
Baldres , adj. , sans souci, ayant des manières dégoûtantes.
Baldin , conj. conditionnelle , si ; *baldin yin nahi baduzu zauri*, si vous voulez venir , venez ; *baldin baduzu galtzéko beldurrik*, *ez duzu*

hirriskatu behar zure diria, si vous craignez de perdre votre argent, vous ne devez pas l'exposer.
Balentria, s., victoire, succès dans des discussions, etc.
Balenoria, s., position négligée, sans attention quelconque.
Balezta, s., dard, arme offensive d'autrefois.
Balhore, s., force équivoque, sans énergie.
Balia, *balia-tu*, v., se prévaloir, faire valoir, valu.
Balimba, int. exprimant un souhait ardent.
Balio, s., valeur.
Balios, adj., précieux, qui a de la valeur.
Bandera, s., bannière, drapeau, étendard.
Bandit, adj., bandit.
Banka, s., banque.
Bankarrot, s., banqueroute.
Banquet, s., banquet.
Bano, adj., sans énergie, mou.
Banoki, adj., avec mollesse, sans empressement.
Bapo, adj., fanfaron, satisfait de soi.
Bapore, s., vapeur.
Bara, s., point d'arrêt.
Bara, *bara-tu*, v., arrêter, s'arrêter, cesser d'agir, arrêté.
Baratze, s., jardin.
Barbar, adv., par-ci par-là
Barbarita, s., bruit sourd qui court, synonyme de *sorberia*.
Barbarita, s., mouvement léger qu'on sent sur la peau par la marche des insectes.
Barbaro, adj., barbare.
Barber, s., officier de santé.
Barda, adv., hier au soir.
Bargo, s., jeune cochon déjà sevré, mais pas assez grand pour être appelé *urde*, porc.
Barhanda, adv., en espionnage, aux écoutes.
Barhanda, *barhanda-tu*, v., espionner, espionné.
Barhandari, s., espion.
Barhen, s., partie inférieure d'un corps.
Barkha, *barkha-tu*, v., pardonner, pardonné.
Barkhamendu, s., pardon.
Barna, adj., profond.
Barna, *barna-tu*, v., rendre plus profond, rendu plus profond.
Barne, s., intérieur.
Barneko, s., veste.

Barneko-motch, s., gilet.
Barrabil, s., testicule.
Barramba, s., grand bruit qui n'effraye point, qui ne produit point d'effet.
Barrasta, s., poignée de grain, de semence jetée sur le sol d'une terre labourable.
Barrastaka, adv., par poignée, sans compter ni mesurer.
Barratta, s., douve.
Barrea, *barrea-tu*, v., répandre, répandu.
Barreu, adj., en état de dispersion; *zure ardi ak onza* BARREU *daude bazkan*, vos brebis se tiennent bien dispersées au pâturage.
Barrio, s., basse-cour, synonyme du mot *samax*
Barur, s., jeûne.
Barur, adj., se trouver à jeun, tout individu qui n'a pas encore déjeûné.
Barur, *barur-tu*, v., jeûner, jeûné.
Basa, adj., sauvage.
Basabarhen, s., nom que l'on donne aux hameaux qui occupent les parties les plus basses d'un village.
Basaburu, s., nom qu'on donne aux hameaux les plus élevés des villages.
Baso, s., verre, gobelet; *emok basobat arno*, donne-lui un verre de vin.
Basta, s., point de couture large, pour tenir liées diverses pièces.
Basta, s., bât.
Basta, *basta-tu*, v., mettre le bât sur l'animal, bâte, bâté.
Basti, *basti-tu*, v., bâtir, construire, bâti.
Bat, s., un, unité.
Bat, adj. numéral, un.
Batalla, s., bataille.
Batalla, *batalla-tu*, v., batailler, se débattre, débattu.
Batasun, s., union; on dit aussi *batarzun*, expression plus juste que le mot *batasun*.
Batbatean, adv., tout d'un coup.
Batbedera, p., chacun.
Batere, adj., pas un, aucun.
Bath, *bath-u*, v., téter, tété.
Bath, *bath-u*, v., rencontrer, se rencontrer.
Batzarre, s., accueil, réception; *batzarre on ba-*

tek anhitz maitharazten ditu prinzeak, un bon accueil fait aimer beaucoup les princes.
Batzutan, adv., quelquefois.
Bayarta, s., civière.
Bazka, s., pâture.
Bazka, bazka-tu, v., paître, faire manger, donner à manger, avoir fait manger.
Bazkal, bazkal-du, v., dîner, dîné.
Bazkalainzine, s., avant dîner.
Bazkalondo, s., après dîner.
Bazkari, s., dîné ou dîner.
Bazko, s., jour de Pâques.
Bazkoak, s., communion pendant le temps pascal; *Bazkoak egin ditut*, j'ai fait mes Pâques.
Bazter, s., objet formant la lisière d'un corps.
Bazter, s., objet ou corps contigu à un autre corps, mais en dehors.
Bazter, bazter-tu, v., s'écarter, écarté.
Bazteralde, s., étendue de terrain, campagne.
Bechango, s., coude.
Bedax, s., printemps.
Bedera, p., un pour chacun, chacun un.
Bederatzi, adj. numéral, neuf.
Bederen, adv., au moins.
Begi, s., œil.
Begitharte, s., visage.
Bego, v., laissez, impératif du verbe irrégulier *utz*, à l'adresse de la seconde personne, parlant d'un objet au singulier.
Begozte, v., laisser, parlant de plusieurs objets.
Beha, int., appel par un individu pour qu'on lui porte attention.
Beha, beha-tu, v., écouter, écouté.
Beha, adv., position où l'on se tient à attendre quelqu'un ou quelque chose.
Behar, s., position besoigneuse; *behar dugu hil egun batez*, nous devons mourir un jour; *behar niz khausitu bihar goizean, Bayonan*, je dois me trouver demain matin à Bayonne; *behar da izan maithagarri, maithatua izaiteko*, il faut être aimable, pour être aimé.
Behar, adj., pauvre, nécessiteux, indigent.
Behar, behar-tu, v., se réduire au besoin.

Beharordu, s., nécessité, moment opportun.
Beharri, s., oreille.
Beharrondoko, s., soufflet.
Behartarzun, s., pauvreté.
Behatz, s., pouce.
Behatztopa, s., faux pas.
Behatztopa, *behatztopa-tu*, v., chanceler par faux pas.
Beheiti, adv., en bas.
Beherapen, s., période de la décroissance de la lune.
Behere, s., partie inférieure d'un corps, côté d'en bas d'un corps; BEHERE-*ko phartia hobea da gainekua beno*, la partie d'en bas est meilleure que celle d'en haut.
Behi, s., vache.
Behin, adv., une seule fois.
Behinere, adv., jamais, pas une seule fois.
Behingotz, adv., pour toujours, à perpétuité.
Behoka, s., pouliche.
Behor, s., jument.
Beira, *beira-tu*, v., garder, conserver, gardé, conservé.
Beire, s., verre à pied.
Beirina, s., vitre aux croisées.
Beirinas-ta, *beirinasta-tu*, v., garnir de vitres.
Bekhain, s., sourcil.
Bekaizgoa, s., envie, jalousie.
Bekaizkeria, s., jalousie, synonyme de *bekhaizgoa*.
Bekhaizti, adj., envieux.
Bekhan, adj., clair-semé; dans quelques cantons on dit *bakhan* au lieu de BEKHAN; *aurthen ogiak bekhan dira*, cette année-ci les froments sont clair-semés; *bekhan dira bethi gizon prestu-ak*, les hommes de probité sont toujours clair-semés, rares.
Bekhan, adv., rarement.
Bekhan, *bekhan-du*, v., devenir rare, éclaircir, rendre les objets clair-semés.
Bekhan, *bekhan-du*, v., éclaircir.
Bekhatu, s., péché.
Bekhokia, s., audace (dans le sens moral).
Bela, s., voile de navire.
Belar, s., front.
Belatch, s., corneille.
Beldur, s., crainte.
Beldur, *beldur-tu*, v., concevoir de la crainte.

Beldurti, adj., craintif, peureux.
Bele, s., corbeau.
Belhar, s., foin.
Belhar, s., nom s'appliquant à toute espèce d'herbe.
Belhaun, s., genou.
Belhaun, s., point d'un chemin qui dérive de la ligne droite.
Belhaunika, belhaunika-tu, v., se mettre à genoux.
Belhauniko, adv., à genoux.
Belz, adj., noir.
Belza, belza-tu, v., noircir.
Belzaran, adj., noiraud.
Belzuri, s., mauvaise mine que présente un individu en fronçant les sourcils.
Belzuriz, adv., en fronçant les sourcils.
Benta, s., auberge ou gîte isolé.
Benta, s., débit soutenu des marchandises dans les foires et marchés.
Benzi, benzi-tu, v., vaincre.
Bephuru, s., sourcil, synonyme de *bekhain*.
Bera, p., le même, la même.
Bera, adj., mou.
Bera, bera-tu, v., amollir.
Berant, adv., tard.
Berant, berant-u, v., retarder, retardé.
Berantex, berantex-i, v., s'impatienter d'attendre, désespérer de voir arriver ou se réaliser quelque chose.
Berariaz, adv., dire ou faire quelque chose pour s'amuser, adverbe opposé au mot *serioski*, sérieusement.
Beratz, adj., mou, faible.
Beraz, conj., donc, synonyme du mot *arren*.
Berde, adj., vert.
Berdin, adj., égal.
Berdin, berdin-du, v., égaliser, égalisé.
Berdin, adv., de même, de la même manière.
Berdinxu, adv., égal, à peu près.
Bere, p., sien, sienne, son, sa, ses.
Berea, p., le sien, la sienne.
Bereak, p., les siens, les siennes.
Beregain, adv., pour son propre compte, à ses périls et risques ; *zure semiak nahi-du biharretik harat, lanean ari* BEREGAIN, dès demain votre fils veut travailler pour son compte.

Berehala, adv., tout de suite, promptement, sans délai.
Berhez, adv., séparément.
Berhez, berhez-i, v., séparer, séparé, se séparer.
Berheziki, adv., particulièrement, notamment.
Berhil, adj., mot qui s'applique à un animal mort sans avoir été tué par un boucher.
Berho, s., broussaille, dialecte labourdin.
Berkhoi, s., envieux, synonyme de *bekhayzti*.
Berma, berma-tu, v., agir avec vigueur.
Berma, berma-tu, v., cautionner, cautionné.
Berme, s., caution, répondant.
Berniza, s., vernis.
Bero, adj., chaud.
Bero, bero-tu, chauffer, se chauffer, chauffé.
Berri, s., nouvelle.
Berri, adj., nouveau.
Berri, berri-tu, v., renouveler, renouvelé.
Berriz, adv., de nouveau.
Berthindu, s., couleur naturelle, imitant la peinture dans son genre ; *oyhal berthindu*, drap de couleur naturelle.
Bertz, s., chaudron.
Bertze, p., autre.
Bertzela, adv., autrement.
Bertzeren, s., un objet appartenant à autrui.
Besanga, besanga-tu, v., résister contre des nécessités, en faisant valoir toutes les ressources
Besarka, s., embrassade.
Besarka, besarka-tu, v., embrasser, s'embrasser, embrassé.
Besarka, adv., se tenant embrassés.
Beso, s., bras.
Besogain, s., mouvement du bras par dessus l'épaule,
Beso-pe, s., mouvement du bras par dessous l'épaule.
Besoz-beso, adv., bras dessus, bras dessous.
Besta, s., fête.
Bestaberri, s., Fête-Dieu.
Bestannez, adv., autrement, synonyme du mot *bertzela*.
Betan, adv., à la fois.
Bet betan, adv., tout à la fois.
Bethe, adj., rempli, comble.
Bethe, bethe-tu, v., remplir, combler, rempli, comblé.

Bethi, adv., toujours.
Bethidanik, adv., de tout temps.
Beude, v., impératif du verbe irrégulier *utz*, à l'adresse de la seconde personne, parlant d'un objet pris au pluriel, synonyme du mot *begozte*.
Bezain, conj., que; *zure aita* BEZAIN *zuhur izan zite*, soyez aussi sage que votre papa.
Bezala, adv., comme.
Bezik, conj., que; *Yainko bat bezik ez da*, il n'y a qu'un Dieu.
Bezpera, adv., la veille.
Bezperago, adv., avant-veille.
Bezperainzine, adv., avant vêpres.
Bezperak, s., vêpres.
Bezperondo, adv., après vêpres.
Bezti, *bezti-tu*, v., vêtir, se revêtir, vêtu.
Beztidura, s., vêtement.
Bi, adj., deux; *bi gizon*, deux hommes.
Biarnes, s., Béarnais.
Bichilia, s., abstinence du gras.
Bichilia, adj., qui est d'abstinence; *orziralia bichilia da*, le vendredi est jour d'abstinence.
Bichkor, adj., un peu fort et animé.
Bichta, s., vue.
Bichtala, adv., à la vue.
Bida, adj. numéral, deux, synonyme du mot *biga*.
Bidal, *bidal-i*, v., trouver, procurer, se procurer, trouvé, procuré.
Bidaro, s., disposition du temps favorable ou contraire au voyageur; BIDARO *onetan ibilten niz aise bena bidaro gaichtoetan nekez yalgitzen niz etchetik*, dans des temps favorables aux voyages, je marche facilement; mais, dans des temps mauvais, je sors de la maison difficilement.
Bide, s., chemin.
Bide, s., voie.
Bidegabe, s., tort, préjudice.
Bietan, adv., deux fois.
Biga, adj. numéral, deux; dans plusieurs cantons on dit *bida*. La dernière syllabe est retranchée à chacun des deux mots *biga* et *bida*, lorsque cet adjectif numéral est sui-

vi de son substantif, et l'on dit : BI *emazte*, BI *haur*, et non BIGA *emazte*, BIDA *haur*.

Bigarren, s., deuxième.

Bihar, s., demain.

Biharamun, s., lendemain

Biharamunago, s., surlendemain.

Bihi, s., grain. Ce mot s'applique à toute sorte de grain.

Bihi, *bihi-tu*, v., dégrainer, détacher les grains des épis qui les retiennent, décosser les pois, les fèves, etc., dégrainé.

Bihibat, adv., aucun, pas un, synonyme du mot *batere*.

Bihitegi, s., grenier.

Bihotz, s., cœur.

Bihotzka, *bihotzka-tu*, v., se chagriner, se livrer au chagrin par de vives contrariétés.

Bihua, v., impératif du verbe *yuan* (aller), qu'il s'en aille, à l'adresse d'une personne, au singulier.

Bihuatza, v., qu'ils s'en aillent.

Bihur, *bihur-tu*, v., dévier d'une ligne droite et prendre une autre direction sur un point où le chemin en offre plusieurs.

Bihur, *bihur-tu*, v., rendre ce qu'on a emprunté, pris ou volé.

Bihur, *bihur-tu*, v., résister, s'opposer.

Bihur, *bihur-tu*, v., tordre, terme de fileur.

Bihur, *bihur-tu*, v., tourner, terme de châtreur, rendre stérile un mâle quadrupède, sans l'avoir châtré.

Bihurri, adj., indocile.

Bikari, s., vicaire.

Bikar, adj., vicaire.

Bikhe, s., goudron.

Bikhesta, *bikhesta-tu*, v., goudronner, goudronné.

Bil, *bil-du*, v., rassembler, réunir, ramasser, cueillir, réuni, ramassé, cueilli.

Bil, *bil-du*, v., obtenir de quelqu'un un changement de disposition par des caresses, par la persuasion, par de bons procédés, etc.

Bilba, *bilba-tu*, v., tramer, terme de tissage, fil entrelacé.

Bilbe, s., trame.

Bildox, s., agneau de l'année.

Bilgia, s., lieu propre pour réunir ou amasser certains objets.

Bilgorra, s., suif.

Bilha, bilha-tu, v., chercher, procurer, trouver en cherchant, cherché, procuré, trouvé.

Bilhaka, ***bilhaka-tu***, v., devenir, se transformer, devenu, transformé.

Bilharrozi, s., veau mâle âgé de quelques mois, trop jeune pour être appelé *ergi* (bouvillon), synonyme du mot *aretche* pour le veau mâle.

Biligarro, s., grive.

Bilo, s., cheveu.

Bilzarre, s., assemblée pour délibérer sur les affaires publiques.

Bimpher, s., envers; *arropa horrek, bimpherra ederrago du aurkhia beno*, l'envers de cette robe est plus beau que l'endroit.

Bimpher, adj., envers.

Biphi, s., mite, petit insecte qui ravage les étoffes de laine.

Biphil, adj., dénudé, dépouillé de tout ornement, ou garniture, ou objet qui puisse soustraire l'endroit ou la substance désignée à la vue du public; *mendi* BIPHIL *huntan bethi hotz egiten du*, dans cette montagne dénudée il fait toujours froid; *gazte nizala diozu bena burua biphiltzen arizaut*, vous dites que je suis jeune, mais ma tête se dégarnit.

Biphil, ***biphil-du***, v., plumer, éplucher, plumé, épluché.

Biribil, adj. rond.

Biribil, ***biribil-du***, v., arrondir, arrondi.

Bisaya, s., visage, synonyme du mot *begitharte*.

Bitharte, s., intervalle.

Bitharteau, adv., dans l'intervalle.

Biz, v. irrégulier conjugué au subjonctif, soit; *hala biz*, ainsi soit-il.

Bizhala, v. irrégulier conjugué au subjonctif, que cela soit ainsi.

Bizar, s., barbe.

Bizar, s., menton. Ce mot *bizar* est parfois employé improprement au lieu de *kokotz*.

Bizarnabela, s., rasoir.

Bizi, s., vie.
Bizi, *bizizan*, vécu.
Bizi, adj., qui jouit de la vie.
Bizi, *bizi-tu*, v., aigre, aigri.
Bizi, adj., vif, pétulant.
Biziki, adv., vivement, fortement.
Bizkar, s., dos.
Bizkar, s., point culminant.
Bizkitartian, conj., cependant.
Blasfemio, s., blasphême.
Blu, adj., bleu.
Bola, s., boule.
Bolbora, s., poudre.
Borondate, s., volonté.
Borra, s., morceau de papier que le chasseur introduit dans son arme à feu pour y presser la poudre et l'y retenir.
Borra, *borra-tu*, v., radier, effacer.
Borracha, s., morceau d'étoffe en laine ou en coton servant à emmailloter les enfants.
Borrokan, adj., à lutter de force; *odei hek* BORROKAN *ari dire eurieman dezakete*, ces nuages sont en lutte, ils peuvent donner de la pluie.
Bortcha, *bortcha-tu*, v., forcer, violenter, violer, forcé, violenté, violé.
Bortchu, s., violence.
Bortha, s., porte.
Borthitz, adj., fort, inflexible.
Borthitz, *borthitz-tu*, v., fortifier, se fortifier, fortifié.
Borthitzki, adv., fortement.
Bortta, *bortta-tu*, v., border, bordé, terme de couture et de cordonnier
Bortu, s., désert.
Bost, adj. numéral, cinq. Dans plusieurs cantons on dit *bortz*.
Bostagarren, adj., cinquième.
Bota, s., botte.
Bota, *bota-tu*, v., butter, terme des joueurs de paume, lancer une balle d'un bout de la place vers les contre-tenants.
Bota, *bota-tu*, v., se débarrasser de quelque chose en le jetant.
Botaharri, s., butoir.
Botari, s., celui qui lance la balle.
Botari, adj., celui qui lance la balle.
Bothere, s., pouvoir, faculté
Bothereska, *bothereska-tu*,

v., s'efforcer, faire des efforts pour vaincre un obstacle, surmonter une difficulté.

Botherexu, adj., muni de pouvoir, de puissance.

Botherezu, adj., muni de pouvoir, synonyme du mot *botherexu;* on dit et même on écrit dans nos catéchismes BOTHEREXU, mais c'est par corruption, car le mot affixe XU, ajouté au substantif BOTHERE, signifie l'adverbe à *peu près*, tandis que le mot ZU traduit ceux *muni de*.

Botiga, s., boutique.

Botiges, adj., marchand.

Botikari, s., apothicaire.

Botilla, s., bouteille.

Botoin, s., bouton.

Botoinda, *botoinda-tu*, v., boutonner, boutonné.

Botti, adv., en association.

Bottigoa, s., association.

Botz, s., voix.

Botz, s., suffrage.

Botzkario, s., réjouissance

Brauki, adv., avec force, sans ménagement.

Braza, s., brasse, terme de mesurage.

Breska, s., résidu des alvéoles de cire égouttées.

Brida, s., bride.

Brida, *brida-tu*, v., brider, bridé.

Broska, s., reste de petits morceaux d'objets sans valeur, qu'on pousse avec le balai et que l'on jette dehors.

Brosta, s., broussaille.

Brus, adj., qualification donnée à un corps sans consistance ou disposé à se corrompre.

Brus, *brus-tu*, v., action d'un corps quelconque, bois, fromage, fruit, qui devient peu solide pour l'avoir laissé vieillir sans en avoir fait usage.

Bulhar, s., sein d'une femme.

Bulhar, s., poitrine, partie antérieure d'un corps.

Bulhute, s., bourrelet.

Bulta, s., disposition fortuite, momentanée; *Gabriel-ek badu bul[illegible] on ik bena gaichto-rik [illegible] bai*, Gabriel a de b[illegible] mo-ments, mais il en [illegible]si de mauvais.

Bulta, *bulta-tu*, v., [illegible]dre un élan, s'éla[illegible] pour une action brus[illegible] de mouvement, élan

Bultaka, adv., par boutade.

Buluz, buluz-i, v., se déshabiller, se dépouiller, déshabillé, dépouillé.

Burdax, s., extrémité d'une branche d'arbre, de la queue d'un animal, etc.

Burdilga, burdilga-tu, v., manier du vestiaire, des hardes, des étoffes, et les mettre en désordre faute de soin.

Burdina, s., fer.

Burdinkari, s., marchand de fer.

Burhaso, s., bisaïeul.

Burho, s., jurement, imprécation.

Burla, s., moquerie.

Burla, burla-tu, v., moquer, se moquer, moqué.

Burrumba, s., bruit qu'on entend; *burrumbabat aditzen dut nunbaitik uste dut orzanza dela*, j'entends de quelque part un bruit, je crois que c'est lé tonnerre.

Burrumba, s., hanneton.

Burrusta, adj., certaine quantité de corps liquide ou grain qui s'échappe du contenant, ou que l'on répand ou verse

Burrustaka, adv., par une certaine quantité ou avec certaine abondance; *burrustaka, barrika horrek arno ichurtzen du*, cette barrique laisse échapper du vin abondamment.

Buru, s., tête.

Buru, s., bout d'un corps quelconque.

Buru, s., commencement.

Buruka, s., épis de froment restés au champ, échappés aux moissonneurs.

Burukal, adv., par tête.

Burukita, s., oreiller.

Burulla, s., mois de septembre.

Bururdi, s., traversin ou chevet de lit.

Burusi, s., couverture grossière de laine.

Burutikburu, adv., du commencement jusqu'à la fin.

Burutzia, s., action de quelqu'un qui réussit à vaincre un obstacle.

Buruz, adv., avec du bon sens.

Buruzagi, s., chef.

Buruzburu, adv., tête-à-tête.

Buruzkin, s., entêté.

Buruzkingoa, s., entêtement.

Busta, busti, v., mouiller, se mouiller, mouillé.

Busti, adj., mouillé.

Buztan, s., queue d'animal, de corde, de fil, de procession, etc.

Buztar, buztar-tu, v., mettre des animaux au joug.

Buztarri, s., joug.

Buztin, adj., argileux.

Buztinlur, s., terre argileuse.

C

Chabal, adj., plat, étendu. Cet adjectif sert pour qualifier un corps de dimension moyenne ou petite; pour un corps grand, on dit *zabal*.

Chabal, *chabal-du*, v., aplatir, aplati.

Chacha, s., terme de jeu de paume, objet qui marque un point sur la place, au delà duquel point les joueurs doivent faire arrêter la balle pour pouvoir gagner.

Chacha, *chacha-tu*, v., marquer le point où la balle s'est arrêtée ou bien où on l'a arrêtée.

Chahal, s., veau, synonyme du mot *aretche*.

Chahar, adj., vieux. Cet adjectif est employé pour des corps de petite dimension; pour ceux de grande dimension on dit *zahar*.

Chahar, *chahar-tu*, v., vieillir, vieilli.

Chahu, adj., propre.

Chahu, chahu-tu, v., rendre propre, dépouillé de malpropreté.

Chahu, chahu-tu, v., dissiper, dissipé.

Chakhar, s., petite croûte sur la peau.

Chakhar, *chakhar-tu*, v., devenir petite croûte; *zure mincharra chakhartuko da, bena sendotzeko marka date*, votre petit mal deviendra croûte, mais ce sera signe de guérison.

Chakhi, s., trace qui reste en un corps après qu'un petit morceau en a été enlevé par une cause quelconque.

Chakhur, s., chien de taille

moyenne ou petite.
Chal, s., châle.
Chamar, s., blouse.
Champha, s., aboiement d'un chien de taille moyenne.
Chango, s., petite jambe.
Changrin, s., chagrin.
Chano, s., coiffure en forme de bonnet de nuit.
Chapel, s., chapeau.
Chapeldun, s., porte-chapeau.
Chapeldun, adj., portant chapeau.
Char, adj., état d'un malade dont on désespère.
Char, adj., de mauvais état. Cet adjectif est pour les corps de dimension médiocre; pour ceux de grande dimension on dit *zar*.
Chardaka, *chardaka-tu*, v., ébrancher, enlever les branches à un jeune arbre ou morceau de bois coupé qu'on veut élaguer, ébranché.
Charé, s., panier, petit panier.
Charkeria, s., action blâmable, commise dans l'intention de faire de la peine ou par un sentiment opposé à la générosité.
Charki, adj., état d'un malade dont on désespère, synonyme du mot *char*.
Charpa, s., écharpe.
Charpota, s., serpolet, herbe.
Charro, s., pot de petite dimension.
Chartha, *chartha-tu*, v., enter, greffer.
Charthe, s., greffe.
Chastre, s., tailleur d'habits.
Chathar, s., morceau de toile servant à envelopper l'enfant nouveau-né.
Chathar, s., terme de chasse, nom que prend un chasseur posté sur un col d'où il chasse les palombes, en les effrayant avec de la toile blanche placée au bout d'un bâton.
Chaz, adv., l'année dernière. Dans plusieurs cantons on dit *yaz*.
Che, affixe qui, joint à un adjectif, signifie l'excès; *enetzat bota hok handiche dira*, pour moi ces bottes sont trop grandes; *zuretzat bota hok ttipi-che dira*, pour vous ces bottes sont trop petites.
Cheda, *cheda-tu*, v., bor-

ner, limiter, borné, limité.

Chede, s., limite établie, fixant une ligne qu'on ne doit pas dépasser.

Chede, s., but matériel ou moral que l'on veut ou que l'on doit atteindre.

Chedera, s., lacet pour prendre des oiseaux.

Cheha, *cheha-tu*, v., morceler, briser, morcelé, brisé.

Chehe, adj., menu, ce qui n'est ni gros ni long.

Cherrent, adj., éveillé, vif, soigneux.

Chicha, s., petit champignon blanc, roux par dessous, que les prairies sèches produisent en automne.

Chichel, s., ciseaux de menuisier.

Chichka, s., piqûre ou petit trou sur un corps.

Chichka, *chichka-tu*, v., marquer par des piqûres

Chichka, s., mauvaise humeur momentanée et passagère d'une personne.

Chichka, s., petite action mauvaise, faite par vengeance ou par pique.

Chichkabar, s., menu bois

Chichkal, *chichkal-du*, v., action du feu qui brûle des comestibles au lieu de les faire rôtir.

Chichkarra, *chichkarratu*, v., action du feu qui brûle les poils couvrant un corps; *egun urdia hil eta chichkarratu dugu*, aujourd'hui nous avons tué le porc et nous lui avons enlevé le poil par le feu.

Chichkor, adj., séché à l'excès par la chaleur du feu.

Chichkor, *chichkor-tu*, v., sécher à l'excès par la chaleur du feu ou celle du soleil, séché.

Chicho, adj., qui blaise en parlant.

Chicht, adv., d'une manière prompte.

Chichta, s., action d'une arme pointue qui s'enfonce dans un corps.

Chichta, *chichta-tu*, v., enfoncer une arme pointue dans un corps.

Chichtaka, adv., en enfonçant une arme pointue.

Chichtapur, s., menu bois, synonyme du mot *chichkabar*.

Chichter, s., quartier d'un fruit, tel que noix, pêche, etc.

Chichto, s., panier long que l'on place sur des bâts aux transports par bêtes de somme.

Chifla, *chifla-tu*, v., dévorer, dissiper un bien, dévoré, dissipé.

Chikana, s., chicane.

Chikana, *chikana-tu*, v., chicaner, chicané

Chikhin, adj., sale. Ce mot s'applique à une personne ou à une chose petite et sale; si l'objet est de grande dimension on dit *zikin*.

Chikhin, *chikhin-du*, v., salir.

Chikhinkeria, s., petite action morale méprisable.

Chikhiro, s., mouton, synonyme du mot *ahari*.

Chikhor, s., terme de boulangerie ou de ménage, petit son, ou son menu.

Chila, *chila-tu*, v., trouer, percer, troué, percé.

Childra, *childra-tu*, v., nouer en forme de *childre*, noué.

Childre, s., nœud formant au bout d'une corde une ouverture propre à l'accrocher à un clou, à un crochet.

Chilustre, s., nœud formant au bout d'une corde une ouverture propre à un clou, à un crochet, synonyme du mot *childre*.

Chili, s., vasière, enfoncement où l'on ramasse de la vase servant d'engrais pour les terres labourables et les jardins.

Chilkhoi, s., nombril.

Chilo, s., trou.

Chimel, adj., qui est devenu froncé par la maigreur.

Chimel, *chimel-du*, v., devenir froncé.

Chimichta, s., éclair.

Chimichtaka, adv., à coup d'éclair.

Chimilichta, s., éclaboussure.

Chimilichtaka, adv., par éclaboussure.

Chimino, s., singe.

Chimitch, s., punaise.

Chimur, adj., qui est ridé.

Chimur, *chimur-tu*, v., froncer, froncé.

Chinchila, s., petite sonnette.

Chinchur, s., gorge. Ce mot ne se dit que pour les petites gorges; pour les grandes on dit *zinzur*.

Chingar, s., lard.
Chingola, s., ruban.
Chinkha, adj., mauvaise humeur accidentelle.
Chinkha, s., filet pour prendre des poissons.
Chipa, s., véron, petit poisson.
Chiphil, adj., brûlé extérieurement.
Chiphil, *chiphil-du*, v., brûler à l'extérieur, brûlé.
Chira, s., cautère.
Chirchil, adj., mal soigné, peu propre, dégoûtant. Cet adjectif est en usage pour les petits corps; pour les grands on dit *zirzil*.
Chirgil, adj., qualité de grappes de raisin peu garnies.
Chiri, s., cheville menue.
Chita, s., poussin.
Chitcher, s., grésil.
Chitchuketa, s., travail du laboureur ou de l'ouvrier qui répare ou raccommode ses outils.
Chithal, adj., terme de mépris qu'on adresse souvent à des hommes ou à des femmes de petite taille.
Chocho, s., merle.
Choil, s., habitant de la campagne vivant à la journée.
Choil, adj., seul.
Choilki, adv., seulement.
Chokho, s., petit coin d'un espace petit; si l'espace est grand ou considéré comme tel, on dit *zokho*.
Chora, *chora-tu*, v., enchanter, charmer, éblouir, enchanté, charmé, ébloui.
Chori, s., oiseau.
Choro, adj., état d'allégresse de quelqu'un, poussé jusqu'à la stupidité.
Chorroin, s., poignée de lin que l'on prépare pour être brayé.
Chorroin, *chorroin-du*, v., diviser le lin, après qu'il est roui, par poignée.
Chorta, s., goutte de liquide.
Chortaka, adv., goutte à goutte.
Chorthe, s., sort.
Chotch, s., petit morceau de bois rond, sans préparation quelconque, en forme de cheville.
Chotil, adj., adroit.
Chotilki, adv., avec adresse.

Chotin, s., hoquet.
Chuchen, adj., droit.
Chuchen, *chuchen-du*, v., dresser un objet, le rendre droit, redresser un corps.
Chuchen, *chuchen-du*, v., arranger une affaire, se concilier.
Chuhandor, s., arbrisseau roux, produisant en automne un fruit noir dont les oiseaux de passage sont friands.
Chuhur, adj., économe.
Chuhur, s., sage.
Chuhurkeria, s., économie
Chuhurtzia, s., sagesse.
Chukha, *chukha-tu*, v., sécher, séché, faire sécher modérément.
Chukhadar, s., essuie-mains.
Chukhu, adj., sec. Ce mot *chukhu* s'applique à un corps dégagé seulement de liquide; il est moins absolu que le mot *idor*, sec.
Chume, adj., petit.
Churda, s., crin.
Churhail, s., blanc, presque blanc, tirant au blanc.
Churi, adj., blanc.
Churi, *churi-tu*, v., blanchir.
Churiketa, s., lessive des chiffons.
Churizale, s., blanchisseur.
Churru, s., cuve à lessive.
Churphail, adj., blanchâtre.
Churrupeko, s., trépied soutenant la cuve.
Churrupita, s., grande pluie.
Churrustan, adv., état de liquide qui répand, qui verse.
Churtch, adj., orphelin.
Chut, adj., état d'un corps en pente fort rapide; *mendi chut bat*, une montagne en pente rapide.
Chut, adj., qualité d'un corps qui se tient droit perpendiculairement à l'horizon.
Chutchurru, adj., état d'un arbre qui est très-chargé de fruits.
Chuti, *chuti-tu*, v., lever, se lever, levé.
Chutik, adv., debout.

D

Dallarri, s., pierre à aiguiser la faulx.
Dallu, s., faulx.
Dako, s., auge.
Damu, s., dommage.
Danda, s., pac, l'un des termes d'une obligation payable en plusieurs portions et à divers délais.
Dandaka, adv., par pac.
Danga, s., coup de cloche; *zeinu danga bakharra*, le seul coup de cloche; *bi dangak*, les deux coups.
Danik, p. p., dès; *orai danik*, dès à présent; *etzi danik*, dès après-demain.
Danza, s., danse.
Danza, *danza-tu*, v., danser.
Danzari, s., danseur, danseuse.
Darthu, s., rejeton de souche d'arbre.
Darthu, s., terrain en bois taillis où les souches produisent des arbrisseaux que l'on coupe, ne les laissant croître que peu.
Daugin, adj., prochain; *daugin igandian zauti*, dimanche prochain venez. Au singulier cet adjectif s'applique à l'époque la plus prochaine indiquée par le substantif; mais au pluriel, il est pour toutes les époques postérieures indéterminées; *daugin egunetan dolutuko zako*, aux jours à venir il s'en repentira.
Deatulu, s., tarière.
Debadio, s., discussion.
Debalde, adv., en vain.
Debeka, *debeka-tu*, v., défendre, défendu.
Debeku, s., défense, inhibition.
Deboil, *deboil-du*, v., détruire, détruit.
Debozione, s., dévotion.
Debru, s., diable.
Debru, *debru-tu*, v., devenir diable, méchant.
Defalka, *defalka-tu*, v., défalquer, défalqué.

Defuntu, adj., défunt.
Deihadar, s., tocsin.
Deinhu, s., adresse pour le travail.
Deinhuzu, adj., adroit au travail.
Deith, *deith-u*, v., appeler, appelé.
Deitha, *deitha-tu*, v., appeler, appelé, synonyme du verbe *deith*.
Deithura, s., nom patronymique.
Deithura, *deithura-tu*, v., témoigner du regret après la mort d'un parent, d'un ami, par des paroles plaintives.
Deitz, *deitz-i*, v., traire, trait.
Delibera, *delibera-tu*, v., délibérer, délibéré.
Delibero, s., résolution.
Demeni, *demeni-tu*, v., diminuer, diminué.
Demontria, interj. d'étonnement, peste ; *egia da arauez zure semiak igorri derauzula mila Napoleon*, *demontria*, *nik ere hartu-ko nitien neureak igorri balauzkit*, il est vrai, probablement, que votre fils vous a envoyé mille Napoléons ; peste, je les aurais pris, moi aussi, si le mien me les eût envoyés.
Denda, s., difficulté de se dégager le ventre.
Dendari, s., couturière.
Dendalgoa, s., état de couturière.
Deplauki, adv., complètement, sans réserve, amplement.
Deposit, s., gage, objet qui garantit le remboursement d'une somme empruntée, dépôt.
Desafia, s., menace.
Desafia, *desafia-tu*, v., menacer, menacé.
Desamarra, *desamarra-tu*, v., détacher, détaché.
Desarranya, *desarranya-tu*, v., déranger, se déranger, dérangé.
Desastre, s., désastre.
Desegin, adj., défait, affaibli en apparence.
Desegin, *desegin-du*, v., défaire, détruire, défait, détruit.
Desenkusa, s., prétexte.
Desertu, s., désert, synonyme du mot *bortu*.
Desfama, s., mauvaise réputation.
Desfama, *desfama-tu*, v., perdre sa bonne réputation, faire perdre à

quelqu'un sa bonne renommée.

Desgisa, desgisa-tu, v., défigurer, défiguré.

Desgusta, desgusta-tu, v., dégoûter, se dégoûter, dégoûté.

Desgustu, s., dégoût.

Desira, desira-tu, v., désirer, souhaiter, convoiter, désiré, souhaité, convoité.

Deskansu, s., repos satisfaisant, jouissance.

Deskanxa, deskanxa-tu, v., s'amuser bien, sans gêne ni contrariété, amusé.

Deskarga, deskarga-tu, v., décharger, déchargé.

Deskarzela, s., gibecière.

Deskausi, deskausi-tu, v., désoler, se désoler.

Desmera, desmera-tu, v., tomber en faiblesse, se trouver mal.

Desmoi, desmoi-tu, v., consommer les choses par le désordre.

Desobedi, desobedi-tu, v., désobéir, désobéi.

Desobedient, adj., désobéissant.

Desobedienzia, s., désobéissance.

Desohora, desohora-tu, v., déshonorer, déshonoré.

Desohore, s., déshonneur.

Desohorez, adv., par honte, par sentiment d'honneur.

Desordenatu, adj., désordonné.

Desordre, s., désordre.

Desperi, desperi-tu, v., expédier, expédié.

Desplazer, s., chagrin, contrariété.

Destarra, destarra-tu, v., exiler, exilé.

Destrui, destrui-tu, v., détruire, détruit.

Deus, adv., rien; *deus ezda*, il n'y a rien.

Deusik, adv., rien; *deusik ez du erraiten*, il ne dit rien.

Dezagun, v., imp. du verbe auxiliaire *ukhan*, à la première personne du pluriel; *dezagun eman*, donnons; *dezagun ekhar*, portons.

Diamant, s., diamant.

Dibino, adj., divin.

Dignitate, s., dignité.

Dilindan, adv., en suspens.

Diru, s., monnaie qui a cours.

Disposizion, s., disposition. (Axular, p. 22.)

Distia, distia-tu, v., éclater de lumière.
Distiadura, s., éclat d'un corps.
Dithari, s., dé.
Dithi, s., téton, mamelle.
Dohain, s., don, destin, bonheur.
Dohakabe, s., malheureux
Dohakabe, adj., malheureux.
Dohaxu, adj., heureux.
Dohaxutarzun, s., bonheur.
Doi, s., ce qu'il faut juste; *zure doi-a har zazu*, prenez ce qu'il vous faut juste.
Doi, adj., à la mesure juste d'un corps; *doi duzu chapel hori*, ce chapeau est à votre mesure. *Doi*, adv., à propos, à la mesure juste du temps; *dot ethorri zira tenoreko*, vous êtes arrivé à propos, pour le moment propice.
Doiaz, adv., avec mesure, avec économie.
Doidoia, adv., tout à l'heure.
Doktor, s., docteur.
Dolamen, s., grand regret, repentir, douleur vive.
Dolora, dolora-tu, v., action d'un mal qui s'aggrave.
Dolore, s., douleur.
Dolu, s., deuil.
Dolu, s., repentir, regret.
Dolu, dolu-tu, v., repentir, se repentir, repenti.
Dolugarri, adj., digne de pitié.
Don, adj., mot reçu du castillan et qui précède ordinairement les noms des saints patrons de divers endroits, pour la plupart avec altération sensible.
Dona Phaleu, Saint-Palais
Doni Yoane, Saint-Jean.
Don Pedro, Saint-Pierre.
Donostia, Saint-Sébastien, capitale de Guipuzcoa, que les Basques appellent par corruption *Donostia*.
Donado, s., vieux garçon, célibataire.
Dona Maria, s., Sainte-Marie.
Dono, s., vocation, disposition naturelle d'une personne pour tel état.
Dorpe, adj., rude.
Dorpe, adj., pénible, fatigant.
Dorre, s., tour, fortin, ou tour décorant un châ-

teau, ou servant de clocher.

Dorthollo, adj., grossier, inflexible.

Dosta, s., amusement.

Dosta, dosta-tu, v., s'amuser, amusé.

Drago, s., coup de vin, liqueur ou autre liquide.

Draya, s., petit plomb de chasse.

Duda, s., doute.

Duda, dudatu, v., douter, douté.

Duel, s., douve.

Duel, s., duel, mot adopté du français évidemment, combat spécial à deux.

Dun, affixe, pourvu de.....

Dupha, s., tonneau.

Duphina, s., pot à feu.

Durdurika, s., bruit sourd; *durdurika - bat aditz en dut, orzanzik aridea?* j'entends un bruit sourd, tonne-t-il?

Durdurika, durdurika-tu, v., chanceler physiquement ou moralement, s'affaiblir dans ses résolutions.

Dutchulu, s., robinet, ouverture d'un vase disposé pour y faire passer le liquide qu'il renferme.

Dutchulu, s., qualification générique s'appliquant à toute ouverture ou petit canal destiné à faire passer le liquide renfermé dans le contenant auquel le *dutchulu* tient; ainsi la barrique en perce, l'outre, la calebasse ont des ouvertures que les Basques appellent *dutchulu*. Ce mot s'applique aussi aux petits canaux ménagés au bout des pots.

E

Ebak, ebak-i, v., couper, coupé. Ce verbe s'emploie exclusivement pour les corps élastiques, tels que froment et fourrages sur pied qu'on coupe; *ebak-i dugu ogia*, nous avons scié le froment; et pour les blessures que l'on se fait par mégarde dans ses membres: *haur hor-*

rek ebak-i du erhi bat, nigarrez dago, cet enfant s'est blessé un doigt ; il est pleurant.
Ebanyelio, s., Evangile.
Ebax, *ebax-i*, v., voler, dérober, soustraire.
Edan, *edan*, v., boire, bu.
Edaran, *edaran*, v., faire boire, avoir fait boire.
Edari, s., breuvage.
Edek, *edek-i*, v., ôter à quelqu'un, à quelque chose, ôté.
Eder, adj., beau.
Eder, *eder-tu*, v., embellir, s'embellir, embelli.
Edergallu, s., objet propre pour embellir.
Ederrex, *ederrex - i*, v., trouver beau, agréable.
Ediozoin, p., quelqu'un, n'importe lequel.
Ediren, *ediren*, v., trouver, trouvé.
Edo, conj., ou; *zu edo zure anaya zaurte*, venez, vous ou votre frère.
Eduk, *eduk-i*, v., tenir, synonyme du verbe *atchik*, tenu.
Efaza, *efaza-tu*, v., effacer, s'effacer, effacé.
Efetu, s., effet.
Egarri, s., soif.
Egarri, adj., état de celui qui a soif.
Egarri, *egarri-tu*, v., se réduire au besoin de boire.
Egarridura, s., sentiment caché de haine.
Egarsu, s., soif continue.
Egi, affixe, lequel, synonyme du mot *che*, signifiant hors mesure, en plus ou en moins, se joint à un adjectif; *enetzat bota horiek handiegi dire*, pour moi, ces bottes sont trop grandes.
Egia, s., vérité.
Egiazki, adv., véritablement.
Egile, s., faiseur, syncope du mot *eginzale*.
Egin, *egin*, v., faire, fait.
Eginzale, s., faiseur, synonyme du mot *egile*.
Egoitza, s., demeure, résidence, lieu que l'on habite.
Egon, *egon*, v., demeurer, rester, demeuré, resté.
Egongia, s., demeure.
Egos, *egos-i*, v., bouillir, bouilli.
Egosi, adj., dissimulé, qui concentre ses sentiments.
Egoskin, s., décoction.
Egotz, *egotz-i*, v., faire descendre.

Eguerdi, s., midi, syncope du mot *egun-erdi*, signifiant moitié du jour.
Egun, s., jour.
Egun, adv., aujourd'hui.
Egundaino, adv., jamais, pour le temps passé.
Egunka, adv., jour par jour.
Egur, s., bois destiné à être brûlé.
Egurtegi, s., bûcher.
Ehe, s., eau de lessive.
Ehaile, s., tisserand.
Eho, *eho*, v., moudre, terme de meunier.
Eho, *eho*, v., tisser, terme de tisserand.
Eitate, s., procédé.
Eite, s., ressemblance.
Eite, s., cours de commerce; *egun ogiak eite handia du*, aujourd'hui le froment a un cours élevé.
Ekhaina, s., mois de juin; dans les provinces espagnoles on l'appelle *errearo*.
Ekhar, *ekharr-i*, v., porter, mener, amener, conduire quelque chose que ce soit vers la personne qui parle; *ekharr itzadatzu Parisen erosirik, bi zamari ederrak eta bi arropa pollitak*, portez moi (amenez-moi) deux beaux chevaux et deux jolies robes achetés à Paris. Nous ferons observer ici que dans notre langue les verbes *ekhar* et *eraman* sont les correspondants des verbes français *porter* et *amener*, sans distinction de ce qui est porté ou amené; que le verbe *ekhar* est pour le mouvement en deçà et le verbe *eraman* pour celui en delà.
Ekhey, s., matière propre à être convertie en une substance indiquée par un substantif qui la précède; *potrohau daugin urtheko gerenno ekhey dut*, j'ai ce poulain pour être étalon de l'année prochaine.
Ekhi, s., soleil; dans divers cantons on l'appelle *iguzki*.
Elder, s., bave.
Elderzu, adj., qui bave souvent, ou qui y est sujet.
Elgar, p., l'un et l'autre.
Elgarrekin, adv., l'un avec l'autre, les uns avec les autres.
Elhe, s., parole, propos.

Elheka, adv., en conversation.

Elheka, *elheka-tu*, v., parler, faire la conversation, parlé.

Elhorri, s., épine, aubépine.

Elhorrista, *elhorrista-tu*, v., garnir d'épines ou d'aubépine.

Elhur, s., neige.

Elhur, *elhur-tu*, v., action du temps qui se met à neiger.

Eliza, s., église.

Elizathe, s., ce qui forme les alentours de l'église.

Elkhor, adj., sourd.

Elkhor, *elkkor-tu*, v., devenir sourd, assourdi.

Elkhorreria, s., surdité.

Elzaborra, s., grand instrument de musique produisant un son désagréable, dont on fait usage pour les charivaris, etc.

Elzar, s., petit insecte blanc qui se forme sur la viande qui passe et qui commence à se gâter.

Elze, s., pot à feu, où l'on fait le bouillon, synonyme du mot *duphina*.

Elzo, s., moucheron.

Ema, *ema-tu*, v., adoucir, calmer, s'adoucir, se calmer, adouci, calmé.

Emain, s., sage-femme, accoucheuse.

Emaitza, s., générosité abondante.

Emaitza, s., redevance.

Eman, *eman*, v., donner, donné.

Emazte, s., femme.

Embadi, adj., paralytique.

Embadi, *embadi-tu*, v., tomber en paralysie.

Embeia, s., désir, envie.

Emblanko, s., point de doute ou d'incertitude, si telle chose se fera ou ne se fera pas, ou si tel objet tombera ou non.

Embrasa, *embrasa-tu*, v., embarrasser.

Embrasu, s., embarras.

Eme, s., femelle de chien, de chat, d'oie et de dinde

Eme, adj., doux, douce.

Emenda, *emenda-tu*, v., augmenter, croître, augmenté, cru.

Empesa, s., amidon.

Empesa, *empesa-tu*, v., empeser, empesé.

Emphara, *emphara-tu*, v. empêcher un coup d'atteindre son but, empêché.

Emphatcha, *emphatcha-tu*, v., entraver, empêcher, entravé, empêché.

Emphatchu, s., empêchement, obstacle.

Emphatchu, adj., état de grossesse d'une veuve ou d'une fille; mot inventé pour épargner aux veuves et filles la qualification d'*izorra* qui, propre pour les femmes mariées, serait injurieuse pour les veuves et les filles embarrassées.

Emplega, *emplega-tu*, v., employer, s'employer, employé.

Emplegu, s., emploi.

En, affixe portant l'adjectif au superlatif; *ederr-en-a*, *izar ikhusten dugunetan Venus deitzen-da*, la plus belle étoile parmi toutes celles que nous voyons s'appelle Vénus.

Ena, int. de mauvais goût; un interlocuteur qui a commencé à parler et auquel les paroles qu'il doit dire manquent, appelle à son secours *ena*, mot sans aucune valeur.

Endako, p. p., pour, synonyme ou mot *entzat*.

Ene, adj. possessif, mon, ma, mes; *ene aita*, mon père; *ene ama*, ma mère; *ene anayak*, mes frères; *ene arrebak*, mes sœurs.

Ene, p. p., mien; *hau ene-a da eta hori zure-a*, celui-ci est à moi et celui-là est à vous.

Ene, affixe signifiant maison ou habitation de....; *Bordeleko etcherik ederr-en-a da ene ustez David-ene-a*, la plus belle maison de Bordeaux, à ce que je crois, est celle de David.

Enea, *enea-tu*, v., ennuyer, s'ennuyer, ennuyé.

Enea, *enea-tu*, v., préparer l'enfant nouveau-né au sommeil, en l'amusant ou en le tenant réveillé.

Enegu, s., embarras, contrariété.

Engana, *engana-tu*, v., tromper, trompé.

Enganagarri, adj., capable de tromper.

Enganio, s., tromperie.

Enganioz, adv., par fourberie, en trompant.

Engoitik, adv., déjà.

Engorga, *engorga-tu*, v., constiper, constipé.

Engorgadura, s., constipation.

Enkanta, *enkanta-tu*, v.,

réduire à l'immobilité, à l'impuissance.

Enkante, s., encan en exposant des marchandises en vente aux enchères publiques.

Enkante, s., position délicate, dangereuse, d'où l'on peut sortir bien ou mal.

Enkara, *enkara-tu*, v., prendre des allures pour une action, néanmoins sans l'exécuter.

Enkario, s., disposition apparente à faire quelque chose qu'on n'exécute pas encore.

Enkhelo, adj., imbécile.

Enkhennu, s., grimace niaise.

Enkhennuka, adv., faisant des grimaces.

Enkonia, *enkonia-tu*, v., s'attrister profondément, attristé.

Enkoniadura, s., tristesse.

Entrabalo, s., position douteuse d'un corps, d'une détermination prête à pencher d'un côté comme de l'autre.

Entrada, s., avance de politesse pour obtenir des relations amicales de quelqu'un.

Entrennak, s., les articulations du corps. On ne fait usage de ce mot qu'au pluriel : *entrenna yuzietarik minez nago*, je suis souffrant de toutes les articulations de mon corps.

Entzat, p. p., pour, synonyme du mot *endako*.

Ephai, *ephai*, v., couper avec la faulx ou la faucille.

Ephaile, s., faucheur.

Ephe, s., délai, terme.

Ephel, adj., tiède.

Ephel, *ephel-du*, v., tiédir, attiédir, tiédi, attiédi.

Eraik, *eraik-i*, v., ramasser de la terre quelque chose qui y est tombé, faire lever du lit quelqu'un qui est couché.

Eraik, v., élever, s'élever soit matériellement, soit moralement.

Erakar, *erakarri*, v., faire porter, faire amener, faire venir.

Erakax, *erakax-i*, v., montrer, faire voir, enseigner, montré, enseigné.

Erakin, s., résultat de l'action de bouillir.

Erakit, *erakit-u*, v., bouillir, bouilli.

Eralde, s., farine qui reste à la fin de la mouture,

après que les pierres en ont rendu la masse, suivant leur jeu habituel, lequel reste est fort peu important eu égard à ladite masse, et dont le meunier fait son profit.

Eraman, eraman, v., porter quelque chose, amener quelque chose, conduire quelque chose dans le sens de l'éloignement de la personne qui parle. Voyez le verbe *ekhar*.

Eranzute, s., reproche. (Axular, page 28.)

Eras, eras-i, v., bavarder.

Eras, eras-i, v., murmurer d'un ton mécontent.

Erasi, s., murmure, parole qu'une personne prononce pour manifester sa mauvaise humeur, sans s'adresser néanmoins à quiconque.

Eratchik, eratchik-i, v., attacher un corps à un autre, un bien à un autre, une parole à une autre parole.

Eraunx, eraunx-i, v., agir, travailler, agi, travaillé. Ce mot est aussi le participe passé du verbe *ari*, qui signifie être en action; *euria ari dea?* pleut-il? *Ez orai, bena eraunxi du orachtean*, non actuellement, mais il a plu tantôt.

Eraunxi, s., ondée.

Eraunz, eraunz-i, v., déshabiller, se déshabiller, ôter de son corps tel objet du vestiaire; *chapela eraunzirik salut handi bat egin derauzu eta ez zira uhartu*, ayant ôté son chapeau, il vous a fait un grand salut et vous ne l'avez pas aperçu

Erausi, s., aboiement d'un chien.

Eraux, eraux-i, v., descendre d'un lieu élevé un objet qui s'y trouve et le mettre à sa portée; *eraux ezazu flasko bat arno*, tirez une bouteille de vin; *eraux-i dut ganerr-etik eiherakaria*, j'ai descendu du grenier la moulande.

Erauz, erauz-i, v., abattre des fruits du haut d'un arbre.

Erazar, erazarr-i, v., adresser des reproches vifs.

Erazarri, s., ondée, pluie abondante.

Erbi, s., lièvre.

Erdi, s., moitié; *ez dut*

behar ogi hori oro, aski dut erdia, je n'ai pas besoin de ce pain tout entier, la moitié me suffit.

Erdi, s., demi.

Erdi, adj., moitié.

Erdi, *erdi*, v., s'accoucher parlant d'une femme; *Jacob-en emaztia bi semez erdi-da*, la femme de Jacob s'est accouchée de deux fils.

Erdi, *erdi*, v., mettre bas en parlant des quadrupèdes; *ene behorra erdi da*, ma jument a mis bas; *zure behia erdi da*, votre vache a mis bas.

Erdi, s., milieu; *lurraren erdia gu khausitzen giren tokian da, lurrak bola baten forma dielakotz*, le milieu de la terre est là où nous nous trouvons, parce que la terre a la forme d'une boule.

Erdian, adv., au milieu.

Erdira, *erdira-tu*, v., fendre, fendu.

Erdiragarri, adj., qui fait fendre le cœur.

Erditik, adv., par le milieu

Erdizka, adv., à moitié; *erdizka yasanen dugu karga hori zuk eta nik*, vous et moi, nous supporterons cette charge à moitié.

Ere, conj., aussi; *zuk nahi duzu, nik ere bai*, vous le voulez, moi aussi

Erein, *erein*, v., semer, semé.

Ereitza, s., étendue de terrain propre à la semence de telle quantité de froment.

Eremu, s., étendue.

Eremu, s., lande, désert.

Eretz, s., position comparée à une autre position parallèle; *Parise hiri handi bat da bena Pekinen eretzean ttipia da*, Paris est une grande ville, mais comparativement à Pékin elle est petite.

Eretz, s., position comparée encore à une autre; *Morde Lorman aberax zen bertze hanitzen eretzian, bena haren huntarzunak deusik etziren Morde Rothschild-en-en eretzean*, M. Lormand était riche comparativement à beaucoup d'autres, mais ses biens n'étaient rien eu égard à ceux de M. Rothschild.

Ergi, s., bouvillon.

Erhatz, s., balai.
Erhatzta, *erhatzta - tu*, v., balayer, balayé.
Erhaux, s., poussière.
Erhaux, *erhaux-i*, v., réduire en poussière.
Erhaztun, s., anneau, bague.
Erhi, s., doigt.
Erho, s., fou.
Erho, adj., fou.
Erho, *erho-tu*, v., devenir fou.
Erhokeria, s., folie.
Eri, adj., malade.
Eri, *eri-tu*, v., tomber malade.
Eritarzun, s., maladie.
Erkhinna, s., état des femelles quadrupèdes prises des souffrances annonçant la délivrance prochaine.
Erlapo, s., vaisseau en bois sur les meules du moulin ouvert d'en haut, par où l'on verse le grain destiné à la mouture.
Erlax, adj., enroué.
Erlax, *erlax-tu*, v., s'enrouer, enroué.
Erle, s., mouche à miel, abeille.
Erle, s., syncope du mot *erranzale*, diseur.
Erna, *erna-tu*, v., se réveiller, devenir prompt, vif, éveillé.
Erne, adj., vif, éveillé.
Eror, *eror-i*, v., tomber, tombé.
Eros, *eros-i*, v., acheter, acheté.
Erospen, s., achat.
Erphil, adj., faible, matériellement ou moralement.
Erra, *erre*, v., brûler, brûlé.
Errabia, *errabia-tu*, v., s'enrager, enragé.
Errabiadura, s., rage; au figuré, acharnement.
Errabiamendu, s., rage, synonyme du mot *errabiadura*.
Errafren, s., proverbe.
Erraile, s., diseur, syncope du mot *erranzale*, synonyme du mot *erle*.
Errain, s., reins.
Erramu, s., laurier, arbre toujours vert.
Erramu, s., fête des Rameaux.
Erran, *erran*, v., dire, dit.
Erranzale, s., diseur.
Erre, *erre*, v., brûler, synonyme du verbe *erra*, *erre*.
Erreberenzia, s., révérence.

Erreberia, s., délire.
Errechi, *errechi-tu*, v., consommer avec prévoyance ou économie.
Errechi, *errechi*, v., calmer une convoitise immodérée.
Errege, s., roi.
Erreginna, s., reine.
Erregla, s., règle.
Erregla, *erregla-tu*, v., régler, réglé.
Erreka, s., ravin.
Errekeri, *errekeri-tu*, v., requérir, requis.
Errekita, *errekita-tu*, v., soigner et alimenter des malades, infirmes, vieillards, etc., soigné.
Errekitu, s., objet propre à nourrir ou à soulager les malades.
Errekitu, s., nom générique signifiant provision de toute espèce.
Errecompensa, s., récompense.
Errecompensa, *errecompensa-tu*, v., récompenser, récompensé.
Errecontra, *errecontra-tu*, v., rencontrer, se rencontrer, rencontre.
Errecontru, s., rencontre.
Erremedia, *erremedia-tu*, v., sortir d'un embarras, d'un état de gêne où l'on se trouvait, au moyen d'un secours, accorder ce secours, soulager quelqu'un.
Erremedio, s., remède.
Errementa, s., mauvaise harde, mauvais outil.
Erremestia, *erremestia-tu*, v., remercier, remercié
Erremestiamendu, s., remerciement.
Erremisione, s., miséricorde, ménagement.
Erremusina, s., aumône. Ce mot est souvent employé par Axular, lequel dans sa dédicace, qualifie *erremusinari* Mgr d'Echaux, archevêque de Tours, pour lui donner le titre d'aumônier; mais les Basques d'aujourd'hui ne connaissent plus ce mot *erremusinari* : ils emploient le le mot français aumônier, et ils disent *amoina* au lieu *d'erremusina*, ou bien *limosna*, qui en est synonyme.
Erreparazione, s., réparation.
Erreparti, *erreparti-tu*, v., partager, répartir, partagé, réparti.

Errepausa, *errepausa-tu*, v., reposer, se reposer, reposé.
Errepausu, s., repos.
Errepostu, s., réponse.
Errepreni, *errepreni-tu*, v., reprendre, repris.
Erres, s., arrhe.
Erresa, *erresa-tu*, v., acquérir par des arrhes, garantie de promesses.
Errespeta, *errespeta-tu*, v., respecter, respecté.
Errespetu, s., respect.
Erresuma, s., royaume.
Erresumina, s., chaleur brûlante, telle que celle occasionnée par le frottement des orties.
Erretaula, s., retable.
Erretch, adj., facile, synonyme du mot aise.
Erretchki, adv., facilement.
Errezebi, *errezebi-tu*, v., recevoir, reçu.
Errezelo, s., défaut léger.
Errezipel, s., érysipèle.
Erro, s., racine.
Erro, s., corps charneux et rond des animaux femelles, d'où sortent les pis ou tétines.
Erroitz, s., précipice ouvert.
Errota, s , roue.
Errozgora, adv., position du corps d'un individu, raisonnable ou non, qui se tient couché sur son dos.
Errumes, adj., dénué, abject.
Errun, *errun*, v., pondre, pondu.
Ertor, s., curé.
Eska, *eska-tu*, v., demander, demandé.
Eska, *eska-tu*, v., mendier, mendié.
Eska, adv., décrivant, par une marche biaisante, la forme de la lettre *S* ou celle de la lettre *Z*.
Eskail, s., morceau enlevé ou sauté d'un corps dur en le faisant fendre.
Eskain, *eskain-du*, v., offrir, offert.
Eskale, s., mendiant.
Eskaler, s., escalier.
Eskapa, *eskapa-tu*, v., échapper, échappé.
Eskari, s., mendiant.
Eskarnia, *eskarnia-tu*, v., contrefaire.
Eskatima, s., dispute.
Eskaz, s., terme de jeu de paume, ligne séparative entre les deux

principales parties de la place, celle du côté du buttoir et celle d'où l'on repousse la balle.

Eskaz, adv., insuffisant.

Eskaz, eskaz-tu, v., manquer de compléter la mesure ou la quantité, à l'épreuve du mesurage ou de la numération.

Eskazki, adv., d'une manière mesquine, avec insuffisance.

Eske, adv., en mendiant; *gizonhori aberax izanik orai eske bizi da*, cet homme, après avoir été riche, vit à présent en mendiant.

Esker, s., remerciement, grâce à rendre.

Eskergabe, adj., ingrat; *gizon eskergabe*, homme de mauvaise grâce.

Eskergaisto, s., ingratitude; *zerbitzu ona eskergaistoz pagatzen ohi da*, le bon service se paie ordinairement par ingratitude.

Eskerrikaski, s., merci.

Eskidancha, s., esquinancie.

Eskopeta, s., fusil, escopette.

Eskrementatu, adj. Cet adjectif ne s'emploie que pour qualifier une localité qu'on ne peut aborder ou fréquenter qu'avec peine ou embarras.

Esku, s., main.

Eskudancha, s., esquinancie, synonyme du mot *eskidancha*.

Eskudanza, s., adresse pour les travaux de main

Eskudanza, s., hardiesse au préjudice de quelqu'un.

Eskuin, s., le côté droit.

Eskuin, adj., droite; *begi eskuina ongi dut bena ezkerrean min dut*, j'ai bien mon œil droit, mais je souffre de celui de gauche.

Eskuin, adv., à droite; *zoaza eskuin*, allez à droite.

Eskularru, s., gant.

Eskumen, s., poignée, terme de laboureur qui moissonne, poignée de blé scié.

Eskungain, adj., avant-main.

Eskutik, adv., profitant du nantissement d'un objet d'autrui.

Eslayo, adj., fanfaron, presque fou.
Esne, s., lait.
Esnedun, adj., femelle qui donne du lait.
Esnekeria, s., laitage.
Esneophil, s., pain au lait.
Espal, s., javelle, terme de laboureur moissonnant.
Espalda, s., épaule.
Espannol, s., Espagnol.
Espanta, *espanta-tu*, v., s'étonner avec admiration, étonné.
Espantagarri, adj., étonnant, admirable.
Espantu, s., vanterie.
Espantukari, adj., vantard.
Espar, s., échalas, piquet servant de tuteur dans les vignobles.
Espare, s., petite mouche un peu allongée qui, devenant forte dans les grandes chaleurs, attaque les bêtes à cornes.
Espartin, s., espadrille, chaussure faite avec du chanvre filé, tressé et cousu, en grand usage en Espagne et parmi les Basques des deux pays versants des Pyrénées.
Espion, s., espion.
Espos, s., époux.
Estable, s., étable.
Establezain, s., garçon d'écurie.
Establi, *establi-tu*, v., établir, s'établir, établi.
Estakuru, s., défaut.
Estakuru, s., prétexte.
Estal, *estal-i*, v., couvrir, couvert.
Estal, *estal-i*, v., action de l'accouplement des quadrupèdes.
Estalaraz, *estalaraz-i*, v., faire saillir une femelle quadrupède.
Estaldura, s., couche d'un corps sur un autre corps.
Estalgi, s., nom générique applicable à tout corps qui couvre d'autres corps.
Estalgi, s., couverture.
Estatu, s., état, position.
Esteal, *esteal-i*, v., réduire en non valeur des objets faute de soin, synonyme du verbe *deboïl*.
Esteari, adj., dans un état de souffrance grande et continue; *esteari da aspaldian gizon hori*, depuis longtemps cet homme est en grandes souffrances.

Esteka, s., attache, lien avec lequel on attache les quadrupèdes pour les tenir tranquilles en leurs places.
Esteka, *esteka-tu*, v., attacher, lier, attaché, lié.
Estira, s., action violente qui pousse un corps vers un autre, et qui place un troisième corps entre les deux extrêmes qui l'étreignent.
Estekamendu, s., attachement, grande amitié.
Estofa, s., étoffe.
Estoka, s., étau.
Estola, s., étole.
Estomaka, s., estomac.
Estona, *estona-tu*, v., étonner, s'étonner, étonné.
Estrena, s., étrenne.
Estrena, *estrena-tu*, v., étrenner, étrenné.
Estrilla, s., étrille.
Estrilla, *estrilla-tu*, v., étriller, étrillé.
Estropia, *estropia-tu*, v., estropier, estropié.
Estropio, s., accident mauvais.
Estudia, *estudia-tu*, v., étudier, étudié.
Estudio, s., étude.
Estutcha, s., étui.
Esturdi, *esturdi-tu*, v., s'étourdir, étourdi.
Eta, conj. ; *Aita-ren eta Semia-ren eta Espiritu Saindia-ren izenian halabiz*, au nom du Père, et du Fils, et du Saint-Esprit, ainsi soit-il.
Etchalde, s., domaine, corps de bien rural.
Etche, s., maison, habitation.
Etchechka, s., maisonnette.
Etcheko-ak, s., les habitants de la maison.
Etcheko-andere, s., dame ou maîtresse de la maison.
Etcheko-yaun, s., sieur ou maître de la maison.
Etchesartze, s., trousseau qu'une femme porte à son mari en quittant sa maison natale.
Etchikhertze, s., recherche dans des maisons, visite domiciliaire.
Etchola, s., cabane de pasteur ou de charbonnier.
Eternitate, s., éternité.
Ethen, *ethen*, v., rompre, se rompre, rompu, synonyme du verbe *trenka*.
Ethendura, s., hernie.
Ethenkor, adj., facile à se

rompre ; *hari ethenkor*, fil facile à se rompre.
Ethor, ethorr-i, v., arriver, venir, synonyme du verbe *yin* (venir), arrivé, venu.
Ethorkizun, s., avenir.
Etzan, etzan, v., se coucher, couché.
Etzi, adv., après-demain.
Etzidamu, adv., le jour qui vient après celui d'après-demain.
Euri, s., pluie.
Euri, euri-tu, v., mouvement du temps qui se met à pleuvoir.
Ex, ex-i, v., désespérer, désespéré.
Exai, s., ennemi.
Exai, adj., ennemi.
Exaigoa, s., inimitié.
Examina, examina-tu, v., examiner, examiné.
Exemplu, s., exemple. (Axular, page 220.)
Exgarri, adj., désespérant.
Exi, s., désespoir, résignation à renoncer à ce qu'on désirait et qu'on espérait ; *exi-a hartu dut, ez dut gehiago esperanzarik*, j'ai pris mon parti, je n'en espère plus.
Extremitate, s., extrémité.
Ez, adv., non.
Ez, s., réponse négative ; *ez-a edo bai-a behar dut*, il me faut le oui ou le non.
Ezagun, s., ami, connaissance qu'on apprécie.
Ezagun, adj., ami, connaissance.
Ezagut, ezagut-u, v., connaître, connu.
Ezagutza, s., intelligence, bon sens.
Ezagutza, s., reconnaissance, témoignage de gratitude.
Ezagutzale, s., connaisseur.
Ezapen, s., impossibilité de production utile.
Ezar, ezarr-i, v., mettre, placer, poser, mis, placé, posé.
Ezbai, s., doute, incertitude.
Ezdeus, s., vaurien.
Ezdeus, ezdeus-tu, v., anéantir, anéanti.
Ezdeuskeria, s., acte de non valeur ou contrariant, produit par imprévoyance ou par imbécilité.
Ezen, conj., car, synonyme du mot *ezik*.

Ez ezta, *ez ezta-tu*, v., anéantir, détruire, anéanti, détruit.
Ezik, conj., car, synonyme du mot *ezen*.
Ezin, s., impossibilité, impuissance.
Ezin, *ezin-du*, v., devenir impuissant.
Ezin beste, s., impossibilité.
Ezkabe, s., gale des quadrupèdes.
Ezker, s., gauche, côté gauche.
Ezker, adj., gauche; *esku-ezker*, main gauche.
Ezkerti, s., gaucher.
Ezkila, s., cloche, synonyme de *zeinu*.
Ezko, s., cire.
Ezkon, *ezkon-du*, v., marier, se marier, marié.
Ezkonza, s., mariage.
Ezkophil, s., pain de cire.
Ezkosta, *ezkosta-tu*, v., cirer, ciré.
Ezkur, s., gland.
Ezkurtze, s., glandée.
Ezpata, s., épée.
Eztei, s., noce.
Ezteiliar, s., convive de noce.
Ezten, s., dard de serpent.
Ezten, s., alène de bottier.
Ezti, s., miel.
Ezti, adj., doux, mielleux.
Ezti, *ezti-tu*, v., adoucir, calmer, se calmer, calmé.
Eztika, s., pomme douce.
Eztiki, adv., doucement, avec douceur.
Eztitarzuna, s., douceur.
Eztul, s., toux.
Eztulka, adv., en toussant.

F

Fabla, s., fable.
Fabrika, s., conseil s'occupant des intérêts d'une église.
Fabrika, s., fabrique d'étoffes ou d'autres productions manufacturières.
Fabrika, *fabrika-tu*, v., fabriquer, fabriqué.

Fagore, s., faveur.
Falkoin, s., épervier.
Falta, s., faute.
Falta, *falta-tu*, v., manquer à un engagement, à quelque chose.
Falxu, s., faux, dissimulé, peu sincère.
Falxukeria, s., fausseté.
Fama, s., réputation.
Fama, s., renommée.
Fama, *fama-tu*, v., acquérir, répandre la renommée.
Famatu, adj., célèbre.
Familia, s., famille.
Fani, *fani-tu*, v., ternir, terni.
Fantesia, s., vanité, orgueil.
Fardillo, s., moût, vin doux qui vient de sortir de la cuve ou du pressoir.
Farralla, s., verrou en fer ou en bois.
Farrasta, s., frottement par le balai.
Farrasta, *farrasta-tu*, v., dépouiller les cannes de maïs de leurs feuilles.
Farrastakin, s., fourrage de feuille de maïs.
Farza, s., plaisanterie.
Farzunzi, adj., vain, aimant à faire des embarras.
Favora, *favora-tu*, v., favoriser, favorisé.
Favore, s., faveur.
Fazoin, s., façon.
Fede, s., foi.
Fermo, adj., constant, ferme.
Fermoki, adv., avec fermeté.
Ferreta, s., seau.
Fiadore, s., caution, synonyme du mot *berme*.
Fiat, s., fermeté. Ce mot n'est ordinairement employé que dans le sens négatif; *gizon horrek ezdu fiatik, nehork ezdiro hortan khonda*, cet homme n'a pas de fermeté ; personne ne peut compter sur lui.
Ficho, adj., qui a de la corpulence, même de la force apparente.
Ficho, *ficho-tu*, v., acquérir de la corpulence.
Fida, *fida-tu*, v., se fier, confier quelque chose, s'en rapporter à la bonne foi, aux lumières, à l'intelligence, à la force morale, au physique de quelqu'un.
Fidanza, s., confiance.

Fidel, adj., fidèle.
Fier, adj., fier, ferme, hautain.
Fierki, adv., fièrement, avec force.
Fifait, adv., avec une promptitude qui n'admet point de terme, pas même de réflexion.
Fin, adj., de qualité fine.
Finezia, s., finesse, adresse tendant à la tromperie.
Fini, *fini-tu*, v., finir, achever, terminer, fini, terminé.
Finka, *finka-tu*, v., s'appuyer sur...., poser sur un corps solide.
Finka, *finka-tu*, v., s'appliquer sans relâche à faire ce que l'on peut pour arriver à un résultat.
Fiola, s., fiole.
Firla, s., quille à jeu.
Firla, s., roue à charrette ou à voiture, synonyme du mot *errota*.
Firlaka, adv., jouant au jeu de quilles.
Firrinta, s., mouvement violent.
Firrintaka, v., se mouvoir avec violence; *aurthikazu harri hori firrintaka*, lancez cette pierre violemment.
Fite, adj., promptement, synonyme du mot *laster*.
Fiteka, adv., avec promptitude, à qui plus vite.
Flaka, *flaka-tu*, v., affaiblir, s'affaiblir, affaibli.
Flakeza, s., faiblesse.
Flako, adj., faible.
Flasketa, s., petite bouteille.
Flasko, s., bouteille.
Fluch, adj., qui n'a pas de consistance, qualité d'une personne ou d'une chose sur laquelle on ne peut pas compter.
Foltchika, s., petite poche.
Folxu, s., pouls.
Fonda, *fonda-tu*, v., fonder.
Fondamen, s., fondement, origine.
Fonx, s., consistance, souci occupant quelqu'un qui porte ses soins à un ou à plusieurs objets.
Forma, s., forme.
Forma, *forma-tu*, v., former, formé.
Fraide, s., moine.
Fragil, adj., fragile.
Frango, adj., abondant.
Frangoki, adv., avec abondance.

Frankeza, s., abondance.
Franzes, s., Français.
Freska, *freska-tu*, v., rafraîchir, se rafraîchir, rafraîchi.
Fresko, adj., frais.
Frikazai, s., fricassée.
Friko, s., repas de gourmands.
Froga, *froga-tu*; v., prouver.
Froganza, s., preuve.
Frii, *frii-tu*, v., frire; *friiturik aingirak hobe dira salsan beno*, les anguilles sont meilleures en friture qu'en sauce.
Frutu, s., fruit.
Fuchos, adj., fougueux. Cet adjectif se dit pour les chevaux seulement.
Fuchos, adj., poussif.
Fuchos, *fuchos-tu*, v., devenir poussif, devenu poussif.
Fuin, s., fouine.
Fundi, *fundi-tu*, v., détruire, anéantir; *funditu ziren munduko yende guziak hur olde handian*, *salbu Noé eta haren familia*, au déluge universel furent anéantis tous les habitants du monde, sauf Noé et sa famille.
Funx, s., consistance d'un fait.
Funx, s., exactitude ou soin à remplir son devoir.
Funxgabe, adj., insouciant, nonchalant.
Funxian, adv., au fond, en résultat, en résumé.
Furia, s., furie.
Furios, adj., furieux.
Fusil, s., fusil.
Fusilla, *fusilla-tu*, v., fusiller, fusillé.
Futut, adj., terme de mépris, foutriquet.

G

G, s., septième lettre de l'alphabet.
Gabe, p. p., sans.
Gabe, *gabe-tu*, v., priver, se priver, privé.
Gachur, s., petit lait.
Gahamu, s., petit crochet à l'usage des pêcheurs.
Gai, adj., futur; *zure alaba andre-gai-a ezdut*

orano ezagutzen, je ne connais pas encore votre fille, future dame.

Gai, adj., propre à..., destiné à....; *aretche hau ene zezen gai-a da daugin urtheko*, ce veau est mon futur taureau pour l'année prochaine.

Gaicho, adj., digne de pitié, pour une personne de petite corpulence ; pour l'individu de grosse ou de grande corpulence, on dit *gaizo*

Gaichta, *gaichta-tu*, v., devenir méchant, mauvais.

Gaichtagin, s., malfaiteur.

Gaichtagin, adj., malfaisant.

Gaichtakeria, s., méchanceté.

Gaichto, adj., méchant.

Gaiero, adj., chargé de supporter un préjudice résultant d'une mauvaise action commise en commun entre plusieurs.

Gain, s., sommité, partie supérieure d'un corps.

Gaindi, *gaindi-tu*, v., dépasser une mesure convenue, un point fixé.

Gaindi, adv., passant par...; *Bernard yoan da Pariserat Bordelen gaindi*, Bernard est allé à Paris passant par Bordeaux.

Gainekoalde, s., la partie d'un corps du côté d'en haut.

Gainetik, adv., par en haut

Gainezgain, adv., de sommité en sommité.

Gaitz, s., mal.

Gaitz, adj., méchant, d'un commerce difficile; *zure anayak gizon gaitz baten fama du*, votre frère a la réputation d'un homme méchant.

Gaitz, *gaitz-tu*, v., devenir méchant.

Gaitz, s., maladie; *gaitz ikharagarri bat da kolera*, le choléra est une maladie terrible.

Gaitz, adj., méchant avec force.

Gaitzex, *gaitzex-i*, v., trouver mauvais, désespérer du bien.

Gaitzi, *gaitzi-tu*, v., s'offenser, offensé.

Gaitzi, s., sentiment d'une personne offensée.

Gaitzikor, adj., susceptible, disposé à s'offenser de fort peu de chose.

Gaizki, s., reproche. Ce mot s'emploie habituellement au pluriel; *gaizki-ak intzunen tuk*, tu entendras des reproches.

Gaizki, adj., malade en danger.

Gaizki, adv., mal; *gaizki egin dut lan hori*, j'ai mal fait ce travail.

Gaizo, adj., digne de commisération, s'appliquant à une personne de grosse corpulence, s'emploie par dérision et annonce de la bonhomie poussée jusqu'à la stupidité : *Samson gaizoa, Dalilak trompatu zien*, Dalila trompa pauvre Samson. L'adjectif appliqué à un animal annonce de l'affection : *ene zakhur gaizoak beiratzen dauzkit ene ardiak oxoetarik*, mon pauvre chien me garde des loups mes brebis.

Gakho, s., clef, synonyme du mot *giltz*.

Gakho, *gakho-tu*, v., fermer à clef, fermé.

Gal, *galdu*, v., perdre; *ene molxa galdu dut; ebaxi dautale*, j'ai perdu ma bourse, on me l'a volée.

Gal, *gal-du*, v., perdre, se perdre. Ce verbe s'emploie aussi au figuré, comme en français son correspondant *perdre* : *bizioek galzen dute gizona*, les vices perdent l'homme.

Galda, *galda-tu*, v., demander, demandé.

Galdegin, *galdegin*, v., demander, synonyme du verbe *galda*.

Galdo, s., demande.

Galerak, s. Ce mot ne s'emploie guère qu'au pluriel, galères.

Galerano, s., forçat.

Galerano, adj., forçat.

Galga, s., terme de maçonnerie, mesure comparative d'égalité.

Galgarri, adj., pernicieux.

Galhar, s., bois mort ou séché sur l'arbre.

Galharrox, s., charivari.

Galkha, *galkha-tu*, v., combler un contenant jusqu'à l'excès en pressant les objets qui doivent y entrer.

Galopa, s., galop.

Galopa, *galopa-tu*, v., galoper, galopé.

Galopan, adv., au galop.

Galza, s., bas.

Gambera, s., chambre, synonyme de *gela*.

Ganchingor, s., reste de la graisse du porc tué, après qu'on en a fait fondre la partie principale.

Gancho, s., morceau de fer à pointe recourbée, au bout d'une perche destinée à saisir et faire approcher des objets.

Gandera, s., chandelle.

Ganderallu, s., chandelier.

Gannerako, s., surplus, excédant.

Gano, s., disposition pour un travail.

Ganz, s., graisse qui s'attache au corps des personnes ou des animaux, et qui s'annonce par l'obésité du même corps.

Ganzola, s., morceau de cuir qu'on adapte par la partie supérieure au bois des sabots.

Ganzola, *ganzola-tu*, v., placer le cuir à des sabots.

Gar, s., flamme.

Garailla, s., gravier.

Garaitia, s., avantage, victoire. (Axular, p. 30.)

Garaitiko, s., surplus, synonyme du mot *gannerako*.

Garastia, adv., prix élevé d'un objet.

Garazi, s., pays de Cize.

Garaztar, s., habitant du pays de Cize.

Garbal, adj., découvert.

Garbal, *garbal-du*, v., éclaircir, rendre découvert un objet, en l'élagant de ce qui le rend obscur, éclairci.

Garbi, adj., propre, sans tache ni souillure.

Garbi, *garbi-tu*, v., rendre propre, rendu propre.

Gardox, s., gousse de châtaigne.

Garhait, *garhait-u*, v., vaincre.

Garhinna, s., cri de désespoir; *leku erdi bat bidetan aditzen cituzten Versalleko burdina bidean erratzen ari ziren yenden* GARHINNAK, à demi-lieue de distance, on entendait les cris de désespoir des gens qui se brûlaient sur le chemin de fer de Versailles.

Garho, s., anse d'un instrument sonnant, comme cloche, clochette, sonnette.

Gari, adj., qualité d'une personne ou d'un quadrupède dont le ventre est plus petit que ne comporte la proportion du reste du corps.

Garizuma, s., carême.

Garkharasta, *garkharasta-tu*, v., enfumer, s'enfumer, terme de cuisine.

Garkhora, s., nuque.

Garlanda, s., cercle en fer ou en bois, pour y faire cuire le pain de maïs, *mestura*.

Garlopa, s., varlope, outil de menuisier.

Garrasi, s., cri de détresse.

Garrathoin, s., rat.

Garratz, adj., sévère.

Garratzki, adv., sévèrement.

Garrota, *garrota-tu*, v., serrer une corde avec un bâton ou tourniquet.

Garrota, *garrota-tu*, v., fouetter avec une branche de bois.

Garrote, s., fouet en branche de bois.

Garrote, s., bâton d'environ trente centimètres, avec lequel on serre des cordes en le tournant, et, par ces mêmes cordes, des sacs de laine ou autres marchandises formant la charge des bêtes de somme.

Gartha-Dembora, s., Quatre-Temps.

Gasalla, s., cris ou paroles insolentes, vives et fortes, de plusieurs personnes parlant ensemble à la fois.

Gaskon, s., gascon.

Gasna, s., fromage ; dans plusieurs cantons on prononce *gazna*.

Gasta, *gasta-tu*, v., gâter, dépenser, gâté, dépensé.

Gastos, s., dépensier.

Gastu, s., dépense, frais.

Gathibu, s., captif.

Gathu, s., chat.

Gathulu, s., jatte.

Gathulutra, s., jattée.

Gatik, s., affixe, mot signifiant pour l'amour de.... ou bien malgré, suivant les circonstances ; *zure gatik yoan-en niz*, pour l'amour de vous j'irai ; *zure gatik yoan-en niz*, malgré vous j'irai.

Gatz, s., sel.

Gatzkari, s., marchand de sel, porteur de sel.

Gatzunzi, s., salière.
Gau, s., nuit.
Gauaz, adv., nuitamment.
Gauerdi, adv., minuit.
Gaukari, adv., qui aime se promener nuitamment.
Gauza, s., chose.
Gazi, adj., salé.
Gazi, *gazi-tu*, v., saler, salé.
Gazitei, s., saloir.
Gaztaina, s., châtaigne.
Gaztaindoi, s., châtaigneraie.
Gaztainhaga, s., gaule, longue perche.
Gaztainkolore, adj., qui est de couleur châtain.
Gazte, s., jeune ; *gazteak azkar eta alegera dira eta zaharr-ak triste*, les jeunes sont forts et gais et les vieillards tristes.
Gazte, adj., jeune ; *haur gaztek behar dituzte errespetatu bere aita eta ama*, les jeunes enfants doivent respecter leurs père et mère.
Gazte, *gazte-tu*, v., se rajeunir, rajeuni.
Gaztelari, s., bondon de futaille.
Gaztelu, s., château.
Gaztelu, s., prison.
Gaztekeria, s., étourderie de jeunesse.
Gazteria, s., jeunesse.
Gazterik, adv., étant jeune
Gaztetarzun, s., jeunesse.
Gaztiga, *gaztiga-tu*, v., mander, envoyer une commission, dialecte labourdin.
Gaztiga, *gaztiga-tu*, v., châtier, châtié.
Gaztigu, s., châtiment.
Gehiago, adv., plus.
Gehien, s., supérieur par âge, par grade, par force ; *officier horietan gehiena Andre da*, parmi ces officiers, le plus élevé en grade c'est André ; *Paul ek bere alabetarik gehiena ezkontarazten du*, Paul fait marier la plus âgée de ses filles ; *pilotan Jacob gehien da Martinen*, au jeu de paume Jacob est supérieur à Martin.
Gehienaz, adv., tout au plus.
Gela, s., chambre, dialecte labourdin, synonyme du mot *gambera*.
Gelari, s., domestique de prêtre.
Geldi, adj., stagnant ; *ez zitela fida hur geldiari*,

ne vous fiez pas à l'eau stagnante.

Geldi, *geldi-tu*, v., rester en arrière, après séparation opérée par suite d'une division quelconque; *batallon hortarik bost kompanna yoan dire eta hirur geldi-tu*, de ce bataillon cinq compagnies s'en sont allées et trois sont restées.

Geldi, *geldi-tu*, v., s'arrêter d'agir dans une action, comme marcher, travailler.

Gemen, s., force douteuse ou affaiblie, énergie équivoque.

Gerenno, s., étalon.

Gerezi, s., cerise.

Gerezitze, s., cerisier.

Gerla, s., guerre.

Gerlari, adj., guerrier.

Gerli, s., substance grasse provenant d'un liquide sortant imperceptiblement d'un arbre ou des fruits.

Gero, adv., après.

Geroztik, adv., depuis lors. Ce dernier adverbe ne se dit que pour le temps passé et pour exprimer une époque postérieure à un fait accompli et précédant le moment où l'on parle.

Gerri, s., cette partie étroite du corps humain au-dessus des hanches et au-dessous des côtes.

Gerrika, *gerrika-tu*, v., serrer cette partie du corps par le corset, le gilet, la ceinture, etc.

Gerriko, s., ceinture.

Gertha, *gertha-tu*, v., trouver, se trouver, se rencontrer ensemble, trouvé, rencontré.

Gertha, *gertha-tu*, v., fortuitement rencontrer, trouver quelque chose, rencontré, trouvé.

Gesal, s., sel fondu où l'on tient les viandes salées.

Gesal, s., boue provenant de la fonte de la gelée.

Gesal, *gesal-du*, v., action du soleil ou de l'air tempéré qui fondent la gelée, fondu.

Geztera, s., roue en pierre que l'on fait tourner, avec laquelle on aiguise des instruments aratoires, des armes, etc.

Geztera, *geztera-tu*, v., aiguiser des outils ara-

toires avec la roue de pierre, aiguisé.
Gezur, s., mensonge.
Gezurrez, adv., par mensonge, au moyen de mensonge.
Gezurti, s., menteur.
Gezurti, adj., menteur.
Gibel, s., postérieur d'un corps quelconque.
Gibel, s., foie.
Gibel, adv., en arrière.
Gibela, adj., qui est en retard.
Gibela, *gibela-tu*, v., reculer, reculé.
Gibela, *gibela-tu*, v., différer, retarder l'exécution d'un projet.
Gibeldari, adj., retardataire.
Gibelondo, s., conduite louable ou blâmable des personnes préposées à la garde de quelque chose en l'absence des maîtres.
Gichon, s., homme de petite taille.
Gila, s., guine, espèce de cerise.
Gilz, s., clef, synonyme de *gakho*.
Gilza, *gilza-tu*, v., fermer à clef, fermé.
Giristinno, s., chrétien.
Gisa, s., apparence.
Gisa, p. p., suivant.
Gisako, adj., de belle apparence, de belle allure, propre.
Gisala, adv., suivant les apparences.
Gisu, s., chaux.
Gisulabe, s., four à chaux.
Gisusta, *gisusta-tu*, v., chauler, répandre de la chaux sur les terres pour les amender, chaulé.
Giten, v., impératif du verbe auxiliaire *izan*, à la première personne du pluriel. Cet impératif se place avant ou après le radical du verbe; *giten liberti*, amusons-nous; *danza giten*, dansons.
Gizon, s., homme.
Gizon, *gizon-du*, v., devenir homme, grandir matériellement ou d'intelligence, lorsqu'on parle d'un enfant mâle.
Goazen, v., impératif du verbe aller, à la première personne du pluriel; *goazen paseatzera*, allons nous promener.
Goba, *goba-tu*, v., figurativement avaler par force un affront.
Goba, *goba-tu*, v., croire

un mensonge par stupidité ou simplicité.

Gobaraz, *gobaraz-i*, v., faire, faire avaler un affront, faire croire un mensonge.

Gobelet, s., verre.

Goberna, *goberna-tu*, v., gouverner, se conduire soi-même, gouverné.

Goberna, *goberna-tu*, v., gouverner, conduire quelqu'un ou quelque chose.

Gobernadore, s., gouverneur.

Gocho, adj., de bon goût. Cet adjectif s'applique à des objets de petite dimension ou d'une médiocre valeur, et l'on dit *gozo* pour des objets grands ou de forte valeur.

Goga, *goga-tu*, v., amener à soi par des caresses insidieuses.

Gogo, s., pensée, sentiment de cœur, souvenir, mémoire; *gogo an atchikazu hiltzea eta ez duzu sekulan bekhaturik eginen*, tenez la mort en mémoire et jamais vous ne commettrez de péché.

Gogoeta, s., pensée, réflexion.

Gogoetan, adv., dans la réflexion.

Gogo-onez, adv., de bon cœur.

Gogor, adj., dur.

Gogor, *gogor-tu*, v., durcir, durci.

Gogora, *gogora-tu*, v., s'emparer d'une idée, se souvenir de quelque chose, d'une action, etc.

Gogorki, adv., avec dureté.

Gogo-onez, adv., de bon cœur.

Gogotik, adv., de bon cœur, synonyme du mot *gogo-onez*.

Gogoz, adv., par cœur; *zure haurrak ikhasi du katichima ttipia gogoz*, votre enfant a appris le petit catéchisme par cœur.

Goichko, adv., un peu trop de bonne heure.

Goithia, s., restant des comestibles, fruits, fourrages, liquides, de tout ce que les personnes ou les animaux laissent après s'en être rassasiés.

Goiti, adv., en haut.

Goiti, *goiti-tu*, v., lever,

synonyme du verbe *altcha*, levé.

Goiti, goiti-tu, v., placer les choses en lieu de sûreté, pour les y garder.

Goitierrenda, goitierrenda-tu, v., vomir, vomi.

Goitierrendu, s., vomissement.

Goiz, s., matinée.

Goiz, adv., bonne heure; *orano goiz da*, il est encore de bonne heure.

Goizetik, adv., dès la matinée.

Goizik, adv., de bonne heure; *goizik yoanen niz*, je partirai de bonne heure.

Gokho, s., grappe de raisin.

Gokhox, s., partie d'un filet de pêcheur par où le poisson s'introduit.

Gokhox, s., bois sur lequel on fait rouler les meules d'un moulin à farine.

Gola, gola-tu, v., terme de pasteur, action de la pourriture des moutons, qui s'annonce par le développement d'une tumeur sous la bouche.

Golaspe, s., le dessous du menton du porc.

Golde, s., soc de charrue.

Golhari, s., cuiller (dialecte souletin).

Golkho, s., partie du corps humain entre le cou, le sein et les épaules.

Goloso, adj., glouton, qui a un appétit immodéré.

Golosoki, adv., manger immodérément.

Gomenda, gomenda-tu, v., recommander, se recommander, recommandé.

Gomit, s., invitation.

Gomit, adj.; *gomit hiz-a*, es-tu invité.

Gomita, gomita-tu, v., inviter, invité.

Gondera, s., chapelet, terme de dévotion.

Gondera, s., mauvaise herbe ayant les racines en forme de chapelet, faisant beaucoup de tort au froment.

Gophor, s., écuelle; *gophor bat esne*, une écuelle de lait.

Gor, adj., sourd, synonyme du mot *elkhor*.

Gora, adv., en haut.

Gora, adv., là-haut.
Gora, *gora-tu*, v., élever, s'élever, élevé. Ce verbe est synonyme de *altcha*.
Gorapen, s., période de la croissance de la lune.
Gorda, *gorda-tu*, v., cacher, se cacher, caché.
Gordin, adj., cru, qui n'est pas cuit, ce qui n'est point mûri. Cet adjectif est en grand usage pour les fruits.
Gordura, s., surdité.
Gorhain, s., dégoût provoquant à vomir.
Gorhain, *gorhain-du*, v., dégoûter, se dégoûter par la vue ou l'ouïe des choses désagréables, dégoûté.
Gori, adj., encourageant, excitant.
Gori, *gori-tu*, v., encourager, s'encourager, encouragé.
Gorkara, s., couleur tirant au rouge.
Gormandiza, s., gourmandise.
Gormant, adj., gourmand.
Gorostia, s., arbrisseau ayant des feuilles à épines toujours vertes.
Gorotz, s., fumier (dialecte souletin).
Gorphitz, s., corps.
Gorri, adj., rouge.
Gorri, *gorri-tu*, v., rougir, rougi.
Gorte, s., cour ; *erregegorte*, cour du roi ; *apeleko gorte*, cour d'appel.
Gorte, s., cour ; *gorte-a egin dako*, il lui a fait la cour.
Gortea, *gortea-tu*, v., courtiser, gagner par des flatteries, caresser, etc.
Gose, s., faim.
Gose, adj., état de celui qui a faim, qui a de l'appétit.
Gose, *gose-tu*, v., acquérir de l'appétit.
Gosta, *gosta*, v., coûter, coûté.
Gostuz, adv., aux dépens de.....
Gothor, adj., fort, diminutif du mot *azkar*, ce qui n'est point faible.
Gothor, *gothor-tu*, v., grandir, se fortifier.
Goza, *goza-tu*, v., jouir, joui.
Gozo, s., jouissance.
Gozo, adj., qualité de ce qui va au goût ; *arno hau gozoa da*, *bena bertze hori hobia da*,

ce vin est de bon goût, mais cet autre est meilleur.

Grabata, s., col.

Grabela, s., gabelle, impôt d'autrefois sur le sel.

Grado, s., grade.

Gramena, s., chiendent, herbe.

Greffier, s., greffier.

Gripa, s., peigne en bois pour séparer du lin récolté son fruit (*azkor*).

Gripa, s., grippe, maladie.

Gris, adj., gris, couleur grise.

Gu, p., nous.

Guaita, *guaita-tu*, v., guetter, guetté.

Guarda, s., douanier.

Guardia, s., poste de force militaire qu'on établit à la porte d'un édifice.

Guazen, v., impératif du verbe *yoan* (aller), à la première personne du pluriel : allons, allons nous-en.

Gudu, s., résistance morale contre de mauvaises inclinations.

Gudu, s., combat des bêtes à cornes qui se poussent ou qui se battent.

Guduka, adv., se battant moralement, par intérêt ou par amour-propre, en cachette, sans se montrer.

Gune, s., endroit, lieu ou quartier propre pour s'y reposer, pour s'y asseoir, pour s'y établir.

Gune, s., partie d'un corps ; *lur pheza hau aborua mehia da, bizkitartean gune onik ere badu*, cette pièce de terre est maigre pour la plupart, cependant elle a des parties de bonne qualité.

Guneka, adv., par quartier.

Gunez, adv., à la portée, à la commodité.

Guphida, s., esprit de ménagement envers quelqu'un ou quelque chose ; *Bernard-ek nahituke ager-tu generos bena guphida du deusen emaitia*, Bernard voudrait paraître généreux, mais il a de la répugnance à donner quelque chose.

Guphidex, *guphidex-i*, v., agir avec ménagement.

Gur, s., génuflexion des femmes, en forme de salut, à l'église ou devant les personnes qu'elles veulent respecter.

Gurbil, adj., soigneux, propre. Cet adjectif est l'opposé de l'adjectif *zirzil*, qui signifie négligent, malpropre.

Gurdo, adj., état de mollesse ou de tendreté qu'un corps présente au toucher, en opposition avec l'état de dureté se traduisant par le mot *gogor*.

Gure, adj. possessif, notre, nos ; *gur'aita*, notre père ; *gur'anayak*, nos frères.

Guri, s., beurre, synonyme du mot *burra*.

Guri, adj., tendre, frais, synonyme du mot *gurdo*.

Guriki, adv., avec mollesse.

Gusta, *gusta-tu*, v., trouver de bon goût, agréer, goûter, agréé, goûté.

Gustu, s., goût.

Guthizia, s., désir, synonyme du mot *embeya*.

Guthizia, *guthizia-tu*, v., désirer, envier.

Guti, adv., peu.

Guti, *guti-tu*, v., diminuer, diminué.

Guti-edo-anitz, adv., plus ou moins.

Gutien, adj. porté au superlatif, le moins.

Gutienaz, adv., au moins.

Gutichko, adv., bien peu.

Gutiz s., décliné au cas médiatif; *gutiz kontent zirete*, vous êtes content de peu.

Guzia, adv., tout; *Yaunkoak ikhusten ditu gauza guziak*, Dieu voit toutes les choses.

Guzialehen, s., première cousine ou cousine germaine.

Guziz, adv., notamment, surtout.

H

Habe, s., poteau en grosse pièce de bois.

Habela, s., fronde à lancer des pierres ; *David-ek hilzuen Goliath* HABELAZ *aurthiki zien harri batez*, David tua Goliath par une pierre lancée avec une fronde.

Habil, v., va-t-en, impératif du verbe irrégulier *yoan* (aller), applicable à une personne traitée familièrement, soit du genre masculin, soit du genre féminin; *habil etcherat*, va-t-en à la maison.

Habituda, s., usage, habitude, coutume.

Haboro, adv., plus (dialecte souletin).

Hache, s., fardeau, charge d'homme.

Hacheka, *hacheka-tu*, v., préparer et réduire en charge d'homme, des fourrages, du lin, du bois, etc.

Haga, s., perche.

Haga, *haga-tu*, v., arpenter, arpenté.

Haga, *haga-tu*, v., terme de moulin, presser la farine avec un gros bâton dans le sac qui la contient.

Hagin, s., grosse dent.

Hagun, s., écume.

Hagunda, *hangunda-tu*, v., ôter l'écume d'un pot.

Haichtur, s., ciseau à tailleur d'habits, à tondre les moutons, les mules, à tailler les vignes.

Haika, v., impératif du verbe se lever, à l'adresse d'un individu traité familièrement, sans distinction de sexe; *haika*, lève-toi.

Hain, conj., autant que.

Haiz, v., synonyme du verbe *hiz*, tu es ; ce mot *haiz* est du dialecte labourdin.

Haiza, *haiza-tu*, v. venter, exposer les choses à l'action du vent.

Haize, s., vent; en

beaucoup d'endroits on prononce *aize*.

Hakoko, adv., se tenant accroupi sur ses talons.

Hala, adv., comme celui-là, celle-là, ceux-là ou celles-là, par comparaison aux objets éloignés de deux personnes qui font la conversation.

Halaber, adv., de même, de la même manière.

Halabiz, adv., ainsi soit-il.

Halahula, adv., négligemment, d'une manière ou d'une autre.

Halanola, adv., comme, synonyme de *bezala; barkha ditzaguzu gure zorrak* HALA-NOLA *guk barkhatzen barditugu gure zordunei*, pardonnez-nous nos dettes, comme nous pardonnons celles de nos débiteurs.

Halatan, conj., ainsi.

Halda, s., partie d'un casaquin, d'un jupon, d'un habit, d'une redingote en suspens comme ornement, hors celle qui sert à couvrir le corps.

Haldomaldoka, adv., en chancelant, en boîtant, marchant clopin-clopant, avec embarras et difficulté.

Halga, s., bruyère.

Halga, v., impératif du verbe *yalgi* (sortir), à l'adresse d'une seconde personne au singulier traitée familièrement; *halga hebentik berhala*, sors d'ici tout de suite.

Halgai, s., mot s'appliquant à toute matière provenant du lin propre à être filé.

Halika, *halika-tu*, v., dévider, dévidé.

Haliketa, adv., s'occupant à dévider.

Haliko, s., peloton de fil, de ficelle ou autres objets qui se plient.

Halz, s., aulne, arbre aquatique.

Hamabost, adj. numéral, quinze.

Hamahirur, adj. numéral, treize.

Hamaka, adj. numéral, onze.

Hamalaur, adj. numéral, quatorze.

Hamar, adj. numéral, dix.

Hamaratzi, adj. numéral, dix-neuf.

Hamarbat, adj., une dizaine.

Hamasei, adj. numéral, seize.
Hamazazpi, adj. numéral, dix-sept.
Hamazortzi, adj. numéral, dix-huit.
Hameka, adj. numéral, onze. Ce mot *hameka* est en usage par corruption du mot *hamarka*, lequel signifie littéralement par dix ; c'est un avertissement que la langue basque a placé dans la bouche de celui qui énumère, que désormais on doit compter en y admettant les dizaines; ainsi le mot onze se traduit en basque par celui *hameka*, le mot douze par celui *hamabi*, ainsi de suite : *hamahirur*, *hamalau*, etc., etc.
Handi, adj., grand.
Handi, handi-tu, v., grandir, grandi.
Handitchu, s., furoncle, clou.
Hanitz, adv., beaucoup; en plusieurs endroits on prononce *anitz*.
Hant, *hant-u*, v., enfler, s'enfler; *yoka hantarazi du*, en le frappant il l'a fait enfler.
Hanta, *hanta-tu*, v., fréquenter.
Hantura, s., enflure.
Har, s., ver.
Har, *har-tu*, v., prendre, pris.
Haragi, s., chair, viande.
Haran, s., vallon.
Harategun, s., jour où il est permis de faire gras, terme en sens opposé à celui de *bichilia*, jour d'abstinence.
Harbide, s., endroit où l'on peut prendre des choses qui peuvent s'y trouver.
Hardieza, s., hardiesse.
Hardit, adj., hardi.
Hardit, *hardit-u*, v., enhardir, s'enhardir, enhardi.
Harendi, s., côté le plus éloigné des deux interlocuteurs ; *harendi-kolota Simon entzat on da, horreindi-koa zuretzat eta hunendi-koa ene-tzat*, le lot du côté le plus éloigné de nous est bon pour Simon ; celui de votre côté pour vous, et celui de mon côté pour moi.
Hari, s., fil.
Harinna, s., sable.
Harinnasta, *harinnasta-*

tu, v., sabler, sablé.
Harista, *harista-tu*, v., raccommoder, avec du fil, des bas, des chemises, etc.
Haritz, s., chêne, arbre.
Harma, s., arme.
Harma, *harma-tu*, v., armer, s'armer, armé.
Harmen, s., portée, distance d'un point sur un autre, où l'on peut saisir ou prendre un objet; *acheriak khausitu zien mahaxa harmenetik gorago eta erran zien, ez dutnahi : orano ez da hundia*, le renard trouva du raisin au-dessus de sa portée, et il dit : je n'en veux point; il n'est pas encore mûr.
Harrapa, *harrapa-tu*, v., attraper, retrouver, arrêter, atteindre, gagner; *ohoin hura ihes yoan zen, bena harrapa-tu dute*, ce voleur s'enfuit, mais on l'a attrapé; *uste zuten galdu zutela bena etchean harrapa-tu dute*, on croyait l'avoir perdu, mais on l'a retrouvé à la maison; *ohoin bat ihes zuelarik harrapatu dute*, on a arrêté un voleur fuyant; *aitzina yoan dira bena harrapa-tu-ko ditut*, ils ont été en avant, mais je les retrouverai; *Kalifurnian izan zen, han aberax-tu zen, bena ere eritarzun handi bat harrapa-tu zien zointarik ez baita sekulan sendotu*, il fut en Californie, il s'y enrichit, mais il gagna une grande maladie, dont il ne s'est jamais bien rétabli.
Harri, s., grêle.
Harri, s., pierre.
Harri, s., maladie de la vessie.
Harri, *harri-tu*, v., pétrifier de peur, pétrifié.
Harrigarri, adj., épouvantable, terrible.
Harro, adj., état de dilatation.
Harro, *harro-tu*, v., dilater, dilaté.
Hartakotz, conj., pourquoi.
Hartze, s., créance.
Hartzedun, s., créancier.
Hartzeko, s., créance, synonyme de *hartze*.

Has, adj., état d'une personne qui est en chemise, sans habit, ni paletot, ni veste, ni casaquin.

Has, *has-tu*, v., ôter habit, paletot, veste ou casaquin, jusqu'à découvrir les manches de la chemise, pour se livrer au travail avec moins d'embarras, ou pour mieux prendre l'air et se garantir contre la chaleur.

Has, *has-i*, v., commencer, commencé.

Haserre, adj., fâché.

Haserre, *haserre-tu*, v., se fâcher, se brouiller.

Hasperapen, s., soupir.

Hastari, s., écheveau de fil.

Haste, s., commencement, synonyme de *hastepen*.

Hastepen, s., commencement, synonyme du mot *haste*.

Hastia, *hastia-tu*, v., haïr, haï.

Hastiadura, s., sentiment d'aversion.

Hastiagarri, adj., haïssable, détestable.

Hastiel, adj., digne d'être haï, ennuyeux, désagréable.

Hastio, adj., haï, sentiment de haine, de dégoût, d'aversion conçu contre quelqu'un; *hastio dut Jacob*, j'ai en aversion Jacob.

Hattikonka, adv., terme d'enfant, en sautant sur les jambes, se tenant accroupi.

Hatz, s., trace imprimée sur un chemin ou passage par les pieds des personnes, des animaux ou autres corps.

Hatz, s., démangeaison.

Hatz, s., bord inférieur de toutes les parties du vestiaire, habits, redingotes, jupons, chemises, etc.

Hatzaman, *hatzaman*, v., trouver, atteindre; dans quelques cantons on prononce *atzaman*, trouvé, atteint.

Hatzka, adv., en se grattant.

Hatu, s., harde.

Hau, p. démonstratif, celui-ci, celle-ci.

Haugi, v., imp. du verbe venir, à l'adresse d'une personne traitée familièrement, sans distinction de sexe ; *haugi bihar*, viens demain.

Haur, p., celui-ci, celle-ci, synonyme du mot *hau*.

Haur, s., enfant.

Haurrukhaite, s., accouchement.

Haurrukhaizte, s., fausse couche.

Hausko, s., soufflet.

Hauta, s., choix; *harzak hauta*, prends le choix.

Hauta, hauta-tu, v., choisir, choisi.

Hauteman, hauteman, v., entendre un bruit, reconnaître au bruit quelqu'un ou quelque chose qui se remue.

Hautu, s., choix.

Haux, s., cendre.

Haux, haux-i, v., casser, rompre, cassé, rompu.

Hauxkor, adj., fragile, sujet à se casser.

Hauxte, s., jour des Cendres.

Hauxtei, s., endroit où l'on tient la cendre.

Hauzo, s., voisin, synonyme du mot *auzo*.

Hauzo, adj., permis, sans empêchement, synonyme du mot *zilhei*.

Hax, s., respiration.

Hax, s., souffle.

Haxapaxaka, adv., avec précipitation.

Haxarre, s., commencement, synonyme du mot *haste* et de celui *hastapen*.

Haz, haz-i, v., nourrir, nourri.

Hazerretch, adj., de facile nourriture et entretien; *pulindak hazerretch dire, bainan artha handi galdegiten dute guziz piru direno*, les dindes sont de facile nourriture, mais elles demandent de grands soins, surtout tant qu'elles sont petites.

Hazkurri, s., nourriture. Ce mot est corrompu et il dérive nécessairement de celui *hazgarri*.

Hazteri, s., gale des personnes.

Hea, int. ; appelant à écouter ou à attendre quelque chose, cette interjection correspond à ces mots : voyons si......

Hebain, *hebain-du*, v., se fatiguer jusqu'à perdre toute énergie.

Heda, *heda-tu*, v., étendre, s'étendre, tendre, étendu, tendu.
Hedadura, s., étendue.
Hede, s., ficelle en cuir, servant à attacher le manche et le battant du fléau par leurs petits bouts.
Hegal, s., aile.
Hegalda, *hegalda-tu*, v., s'envoler, envolé.
Hegaldaka, adv., marcher en volant.
Hegatz, s., toiture.
Hegatztinna, s., nom s'appliquant à tous les volatiles sans distinction.
Hegax, s., plume.
Hegi, s., extrémité d'un corps ; *hur hegira heldu zen eta han itho*, il arriva au bord de l'eau et il s'y noya.
Hei ! nit, synonyme du mot *hela*, mot par lequel on annonce sa présence et l'on provoque une réponse.
Heiagora, s., cri de douleur.
Hein, s., mesure de modération; *ezeman sobera hein bat aski dut*, n'en donnez pas trop, une certaine mesure me suffit.
Hein, s., mesure de comparaison ; *zure eta ene semeak hein berekoak dire*, votre fils et le mien sont de la même taille.
Hel, *hel-du*, v., arriver, atteindre un but, arrivé, atteint ; *zure eta ene semeak elgarrekin heldu dire Montevideotik*, votre fils et le mien arrivent ensemble de Montevideo; *zure eta ene semeak elgarrekin helduko dire daugin Basko eguneko Montevideora*, votre fils et le mien arriveront ensemble pour le jour de Pâques à Montevideo.
Hela ! interj., mot avec lequel on annonce sa présence. Un paysan basque qui aborde une maison en frappe la porte, disant sur un ton assez élevé pour pouvoir se faire entendre : *hela !* Ce mot n'aurait-il pas été la racine du verbe français héler, terme de marin? Le peuple basque a été

navigateur; il a été le premier à faire la pêche de la baleine dans la mer du Groënland.

Helbide, s., point que l'on peut atteindre avec la main, avec le pied, avec une pierre ou autre corps qu'on y jette, et encore par la vue; *zure helbidean harzazu bethi zure chedea*, prenez toujours votre but à votre portée; *bichtaren helbidean etche bat khausitu gabe igaraiten duzu hamar lekua bide toki hetan*, dans ces parages vous parcourez dix lieues sans trouver une maison à la portée de la vue.

Helbide, s., endroit où l'on peut arriver dans tel délai.

Helbide, s., portée, distance qui nous sépare du point de notre portée; *gaur Bayonan etzaten ahal gira, yadanik helbidean gira*, nous pouvons nous coucher ce soir à Bayonne, déjà nous en sommes à la portée.

Heldura, s., appel au secours en cas de détresse.

Helmen, s., portée, distance à la portée de la personne qui veut la parcourir et atteindre le but proposé à la fin de cette distance, synonyme du mot *helbide*.

Hemen, adv., ici.

Hementik, adv., par ici.

Hementik - harat, adv., d'ici en avant.

Hemeretzi, adj. numéral, dix-neuf, synonyme du mot *hamaratzi*. Ce mot est en usage au lieu de *hamar - bederatzi*, qui serait l'expression logique de ce nombre.

Hendello, adj., insouciant, ayant par sa tenue un air d'abandon.

Hera, s., gésier ou portemanteau des animaux volatiles.

Herabe, s., répugnance.

Herabezti, adj., apathique, paresseux.

Herautch, s., synonyme du mot *perret*, verrat, cochon mâle destiné à la saillie.

Herdi, adj., incomplet. Cet adjectif s'emploie pour affirmer le vide que présente un corps contenant du liquide, après avoir été rempli en partie.

Herdi, *herdi-tu*, par syncope *her-tu*, v., diminuer le volume d'un corps, notamment d'un corps de liquide.

Herecha, s., trace, synonyme du mot *hatz*.

Heren, s., tiers, troisième partie.

Herenegun, adv., avant-hier.

Herio, s., mort; *herio-ak hartzen gitu gutien phensatzen dugunian*, la mort nous prend lorsque nous y pensons le moins.

Heriotze, s., mort, passage de la vie à la mort.

Herra, *herra-tu*, v., errer, courir çà et là avec fatigue et grandes souffrances, dans le désir de trouver quelque chose ou quelque soulagement.

Herra, s., haine, rancune.

Herrebes, adj., maladroit.

Herrebeska, adv., en jetant quelque chose ou agissant d'une manière maladroite.

Herreka, s., rang des choses alignées; *herreka chuchena*, rang en droite ligne; *herreka makhurra*, rang qui n'est point en droite ligne.

Herreka, s., rang dans la société.

Herrementa, s., guenille, objet de non valeur, qualifié ainsi pour cause de vétusté ou de mauvaise confection de hardes.

Herresta, s., trace d'un corps qui a passé sur un sol, sur un terrain.

Herresta, *herresta-tu*, v., glisser, glissé.

Herrestaka, adv., en glissant, en traînant.

Herri, s., village.

Herri, adj., compatriote.

Herroka, s., rang, synonyme du mot *lerro*.

Herroka, *herroka-tu*, v., se mettre, se placer en rang.

Hersi, s., haie, clôture en haie vive ou en haie morte.

Hersol, s., piquet, pieu.

Hert, *hert-u*, v., diminuer le volume d'un liquide.

Herx, *herx-i*, v., fermer, clôturer, synonyme du verbe *zerra*.
Herxa, *herxa-tu*, v., retrécir.
Herxi, adj., étroit.
Herzdura, s., danger imminent.
Herze, s., boyau, intestin.
Heskualdun, s., Basque, Basquaise.
Heskualdun, adj., Basque, Basquaise.
Heskuara, s., langue basque.
Heskualherri, s., pays basque.
Hestango, s., échalas.
Hetemete, s., effort laborieux et pénible que l'on fait matériellement pour parvenir à un résultat.
Hetemeteka, adv., agissant par un grand effort.
Hez, *hez-i*, v., dompter, assujettir, habituer au travail.
Heza, *heza-tu*, v., rendre humide.
Heze, adj., humide.
Hezgaitz, adj., indompté.
Hezur, s., os.
Hi, p., toi.
Higa, *higa-tu*, v., user, usé
Higi, *higi-tu*, v., mouvoir, se mouvoir, mû; en beaucoup d'endroits on dit *igi*.
Higun, *higun-du*, v., sevrer, sevré, synonyme des mots *anzu*, *anzutu*.
Hil, s., cadavre; *hil bat bada etche huntan*, il y a un cadavre dans cette maison.
Hil, adj., mort; *emazte hori*, *hil-a da*, cette femme est morte.
Hil, *hil*, v., mourir; *gure izeba hil da*, notre tante est morte.
Hil, *hil*, v., éteindre, éteint, s'éteindre; *hil ezazu gandea hori*, éteignez cette chandelle.
Hil, *hil*, v., tuer; *Kainek hil zien Abel bere anaya*, Caïn tua Abel, son frère.
Hilhutcha, s., cercueil.
Hilkor, adj., disposé à s'éteindre; *argi hilkor*, chandelle disposée à s'éteindre.
Hilohore, s., cérémonie funèbre, honneur funèbre.
Hipa, s., pleurs occasion-

nés par des chagrins ou des contrariétés violentes et qui se manifestent par une respiration saccadée.

Hira, *hira-tu*, v., périr, péri à la longue, de souffrances morales.

Hiri, s., ville.

Hirriska, *hirriska-tu*, v., hasarder, se hasarder, aventurer, hasardé, aventuré.

Hirrisku, s., danger.

Hirrita, *hirrita-tu*, v., irriter, agacer, irrité, agacé.

Hirritu, s., agacerie.

Hitz, s., lettres de l'alphabet.

Hitz, s., promesse.

Hitz, s., parole.

Hitzar, *hitzar-tu*, v., prendre parole, s'engager réciproquement entre plusieurs particuliers, convenir d'un projet à exécuter.

Hitzeman, *hitzeman*, v., promettre, promis.

Hitzka, *hitzka-tu*, v., converser, se piquer de parole. C'est dans ce dernier sens que ce verbe est employé ordinairement.

Hitz tegi, s., dictionnaire basque, littéralement gîte des mots.

Hix, adj., usé.

Hix, *hix-tu*, v., devenir usé, synonyme du mot *higa*, avec cette circonstance que *higa* signifie usé jusqu'à la mise hors d'œuvre et que *hix* veut dire rendre moins propre, moins éclatant, moins tranchant par l'usage qu'on a fait de la chose ; *gizon gaizo horrek arropak hixtu-ak ditu zer ? ez choilki hixtu-ak bena higatu-ak ditu arras*, ce pauvre homme a son vestiaire usé, quoi ? non-seulement usé, mais entièrement hors de service.

Hobe, adj., meilleur qu'un autre objet comparé.

Hobe, adv., tant mieux.

Hobeki, adv., avec plus d'avantage.

Hoben, s., préjudice, tort ; *hoben dut*, j'ai tort.

Hoben, adj., meilleur ; *har ezazu hoben-a*, prenez le meilleur.

Hobendun, adj., fautif.

Hobi, s., tombe, fosse, lieu où l'on enterre un cadavre.

Hobiel, s., temps couvert, jour sans que le soleil paraisse ; *hobiel ak kalte egiten du lurreko frutier*, le temps couvert fait mal aux fruits de la terre.

Hobiel, adj., couvert, triste. Ce mot *kobiel* est en usage pour qualifier l'état du ciel qui est caché par des nuages, néanmoins sans pluie.

Hobiel, *hobiel-du*, v., se couvrir de nuages.

Hodei, s., nuage; en beaucoup d'endroits on dit *odei*.

Hola, adv., comme çà, lorsque l'objet de l'attention est près de la personne qui écoute.

Honda, *honda-tu*, v., dans quelques cantons l'on dit *onda, onda-tu*, perdre des choses utiles, par inconduite, désordre, etc.

Hondazale, s., prodigue, désordonné.

Honi, adj., complet, nombre complet.

Honi, *honi-tu*, v., compléter.

Honigallu, s., complément.

Hor, s., chien.

Hor, adv., là, indicatif de l'endroit près de la personne qui écoute.

Hordi, s., ivrogne.

Hordi, adj., ivre.

Hordi, *hordi-tu*, v., s'enivrer, enivré.

Hordikeria, s., ivrognerie.

Hori, p., celui-là, celle-là, lorsque la personne ou l'objet dont on parle est rapproché de la personne qui écoute.

Hori, adj., jaune.

Horma, s., gelée; en quelques endroits on dit *kharroin*.

Horma, *horma-tu*, v., geler, gelé.

Horra, v., voilà, fixant un endroit ou un objet rapproché de la personne qui écoute, impératif du verbe *ikhus* (voir).

Horrendi, s., côté le plus rapproché de celui ou de ceux des interlocuteurs qui écoutent ; *horrendi-ko mertchika har ezazu nik hunendiko a-hartuko dut*, prenez la pêche qui est de ce côté-là, je prendrai celle qui est de ce côté-ci.

Hortz, s., dent incisive.

Hortz, s., nuage, mot vieilli, synonyme de *hodei*.

Hortzadar, s., arc-en-ciel, littéralement branche de nuage.

Hotzgorri, s., nuage roux.

Hostia, s., hostie.

Hosto, s., feuille d'arbre ou d'herbe ; *haritz-hosto*, feuille de chêne; *inzaur-hosto*, feuille de noyer ; *aza - hosto*, feuille de choux; en beaucoup d'endroits on dit *osto*, au lieu de *hosto*.

Hotz, s., froid; *hotz-ak zaharrei gaitz egiten du*, le froid fait mal aux vieillards.

Hotz, adj., froid ; *egun dembora hotz - a da*, aujourd'hui le temps est froid; l'usage des Basques est d'ajouter à l'adjectif l'article *a* en pareille circonstance.

Hotz, *hotz-tu*, v., refroidir, se refroidir; *hotz-tu niz*, *behar dut bero-tu*, je me suis refroidi, j'ai besoin de me chauffer.

Hotzki, adv., froidement.

Hox, int. pour exciter le mouvement, notamment pour faire avancer les bêtes à cornes.

Hoxeman, *hoxeman*, v., conduire un attelage de bêtes à cornes traînant la charrue ou la herse.

Hu, int., mot employé pour chasser devant soi les porcs.

Huchtu, s., sifflet.

Huchu ! int. en usage pour chasser les volailles.

Huin, s., pied.

Huinez, adv., à pied.

Huinka, adv., à pied.

Huinthux, adv., sans chaussure; *Afrikanoak huinthux dabilza*, les Africains marchent pied nu.

Hula, adv., comme celui-ci, celle-ci.

Hun, s., bon; *utzi zuen hun-a hobe-a-gatik*, il laissa le bon pour le mieux.

Hun, adj., bon; *sagar hau huna da*, cette pomme est bonne.

Hun, *hun-du*, v., mûrir, bonifier, améliorer, mûri, bonifié, amélioré.

Huna, v., impératif du verbe *ikhus* (voir), voici.

Hunella, s., petit entonnoir.

Hunendi, s., côté le plus rapproché d'une personne qui parle; *hunen diko aldetik igaranen hiz*, tu passeras de ce côté-ci.

Hungaillu, s., chose bonifiante, engrais.

Hungarri, s., engrais, synonyme de *hungaillu*.

Hunki, *hunki*, v., toucher, touché (matériellement.)

Hunki, *hunki*, v., toucher, s'apitoyer, touché, apitoyé; *Yainkoa hunki-tu-a izan zen Ninivatarrenothoitzez eta barkhatu zaen*, Dieu fut touché des prières des Ninivites et il leur pardonna.

Hunki, *hunki-tu*, v., recevoir, reçu; *ene sor etchetik ez dut orano ardit bat hunkitu*, je n'ai reçu encore de ma maison natale un liard.

Hunkigarri, adj., touchant, sensible.

Hunt, *hunt-du*, v., mûrir, bonifier, synonyme de *hun*, *hun-du*.

Huntz, s., hibou.

Huntz, s., lierre, arbuste qui s'attache à de vieux arbres, à de vieux murs.

Huntzosto, s., feuille de lierre.

Hur, s., noisette.

Hur, s., eau.

Hurbil, adv., près.

Hurbil, *hurbil-du*, v., approcher, s'approcher.

Hurkari, s., porteur d'eau.

Hurrupa, s., gorgée.

Hurrupa, *hurrupa-tu*, v., tirer du liquide par la bouche en y employant l'air.

Hurrupaka, adv., par gorgée.

Hurt, *hurt-u*, v., fondre, fondu, se fondre.

Hurta, *hurta-tu*, v., arroser, irriguer, arrosé, irrigué, mettre de l'eau sur un autre liquide; *arno hurtatu frango salzen da ostatuetan*, bien de vin augmenté d'eau se vend dans les cabarets.

Hutcha, s., bahut, coffre.

Hux, s., planche servant

à abriter les cabanes de pasteur, espèce de bardeau, mais beaucoup plus grand que les bardeaux ordinaires.

Hux, adj., vide; *ferreta hux bat*, un seau vide.

Hux, adj., pur, sans mélange; *ogi hux*, pain sans mélange; *arno hux*, vin pur.

Hux, *hux-tu*, v., vider, vidé.

Huxegin, *huxegin*, v., manquer, offenser quelqu'un.

Huxegin, *huxegin*, v., manquer un gibier sur lequel on a tiré, manquer à un rendez-vous.

I

Ibil, *ibil-i*, v., marcher, se mouvoir, marché, mû.

Ichil, *ichil-du*, v., taire, se taire, tu.

Ichilik, adv., en silence.

Ichilka, adv., en cachette, cachant le jeu.

Ichkina, s., angle d'un corps.

Ichkina, s., bord d'un corps quelconque.

Ichkilimba, s., épingle.

Ichkilina, s., petit coffret traversier dans de vieux bahuts.

Ichkurduka, s., contestation.

Icho! int., silence, tais-toi! taisez-vous.

Ichpi, s., petit morceau d'un corps dur, parcelle d'un morceau de bois, d'une bûche; d'une écaille.

Ichpicho, s., pari, gageure.

Ichpichoka, adv., en proposant des paris.

Ichtant, s., instant.

Ichtape, s., espace entre les deux cuisses, mesure déterminée par les deux pieds avancés en deux sens.

Ichtapeka, adv., en mesurant par les pas allongés.

Ichtapeka, adv., terme de jeu, en faisant passer l'instrument du jeu entre les deux cuisses.

Ichter, s., cuisse, synonyme du mot *azpi* employé dans la Navarre française.

Ichterbegi, s., ennemi, synonyme du mot *exai*.

Ichti, *ichti-tu*, v., faire reculer un attelage, en frappant au museau les animaux qui traînent la voiture.

Ichtika, *ichtika-tu*, v., écraser les raisins sous les pieds.

Ichtika, *ichtika-tu*, v., pétrir, remuer avec force la farine trempée, pour la convertir en pâte.

Ichtil, s., petite mare accidentelle formée sur le chemin par les eaux pluviales.

Ichtil, *ichtil-du*, v., action de la pluie qui forme des mares sur la voie publique.

Ichtinto, s., instinct.

Ichtupa, s., étoupe.

Ichur, adj., froncé, ridé.

Ichur, *ichur-tu*, v., froncer, rider, froncé, ridé.

Ichur, *ichur-i*, v., répandre, verser.

Idek, *idek-i*, v., tirer, sortir d'un intérieur quelconque une ou plusieurs choses ; *arrain hau doi doi-a huretik idekia-da*, ce poisson vient d'être tiré de l'eau dans le moment.

Idek, *idek-i*, v., ouvrir une porte, une croisée, etc., etc.; *idek azu leihoa*, ouvrez la croisée.

Idek, *idek-i*, v., arracher; *gizon gaizo horri bere emazte gai gazteak idek-i zazkon bilo churiak eta emazte gai zaharrak bilo belzak eta undarrean batere ez zuen :* à ce pauvre homme, sa jeune prétendue arracha ses cheveux blancs et sa vieille prétendue ses cheveux noirs, et à la fin il n'en avait pas du tout.

Ideren, *ideren*, v., trouver; en quelques endroits on dit *ediren*.

Idi, s., bœuf.

Idor, s., sec.

Idor, adj., sec.

Idor, *idor-tu*, v., sécher, séché, synonyme de *chukha*, avec cette circonstance que le verbe *chukha* ne signifie que sécher un peu, et que le verbe *idor* signifie une action conduisant l'objet mouillé à un état complètement sec.

Idorte, s., sécheresse.

Iduri, s., ressemblance.

Iduri, adj., qualité de ressemblance; *bi ahizpak elgar iduri dire*, les deux sœurs se ressemblent; littéralement: sont ressemblantes l'une à l'autre.

Iduri, *iduri-tu*, v., paraître, sembler; *Letizia iduri-tu zaut handitua*, Letizia m'a paru grandie; *iduritzen bazauzu gauza hori zuretzat on dela har zazu eta bertzela utz*, s'il vous semble que cette chose soit bonne pour vous, prenez-la, autrement laissez-la.

Ifame, s., infâme.

Ifame, adj., infâme.

Ifernu, s., enfer.

Igande, s., dimanche.

Igaran, adj., passé; *igaran* est l'un des deux adjectifs *daugin* et *igaran* qui précèdent les substantifs outre les adjectifs numéraux, lesquels les précèdent, hors l'unité *bat* qui le suit; *igaran igandean Bazko eguna zen*, dimanche dernier était le jour de Pâques.

Igaran, *igaran*, v., passer, passé; *egun* IGARAN *dire Bayonan Paris-eko eta Londres-eko currier-ak*, *Espannarat-ekoan*, aujourd'hui sont passés à Bayonne les courriers de Paris et de Londres, allant en Espagne.

Igaran, *igaran*, v., monter, monté; *phiztu zenetik hirur garren egunian Yesus igaran zen Zerurat*, Jésus monta au Ciel le troisième jour de sa résurrection.

Igel, s., grenouille.

Igeri, adj., en trempe.

Igerika, adv., en action de nager.

Igerika, *igerika-tu*, v., nager, nagé.

Igi, *igi-tu*, v., mouvoir, se mouvoir; en quelques provinces on dit *higi*.

Igorle, s., envoyeur, syncope d'*igorzale*.

Igorzale, s., envoyeur,

synonyme du mot *igorle* (expéditeur).

Igorr, *igorr-i*, v., envoyer, envoyé.

Igual, adj., égal.

Iguala, *iguala-tu*, v., égaliser, égalisé.

Igualki, adv., également.

Igurik, *igurik-i*, v., attendre, attendu.

Iguzki, s., soleil, synonyme du mot *ekhi*. *Iguzki* est en usage dans le Labour et les Provinces espagnoles, et le mot *ekhi* s'emploie dans la Soule et la Navarre française.

Ihall, *ihall-i*, v., maltraiter, en donnant des coups violents.

Ihalozka, v., se vautrer, se rouler, action des quadrupèdes qui s'amusent en se jetant à terre.

Ihalozka, *ihalozka-tu*, v., rouler à terre, roulé.

Ihardex, *ihardex-i*, v., répondre à un appel, à une question.

Ihardoki, *ihardoki*, v., se conférer, traiter une affaire.

Iharros, *iharros-i*, v., secouer, secoué.

Ihaurri, adj., couvert, terme de laboureur; *barrioa othez ihaurri dago*, la basse-cour est couverte d'ajoncs; *ihaurri dago bide guzia ostoz eta adarrez. harri anitz erori da gisala*. tout le chemin est couvert de feuilles et de branches : il est tombé apparemment beaucoup de grêle.

Ihausi, adj., état de la truie en chaleur.

Ihaute, s., Mardi-Gras.

Ihautiri, s., Carnaval.

Ihes, *ihes-i*, v., fuir, s'enfuir, fui.

Ihestoki, s., asile, refuge.

Ihetzi, adj., usé. Cet adjectif s'applique à tout ce dont on a fait déjà un certain usage, mais qui n'est pas encore hors d'œuvre.

Ihetzi, *ihetzi-tu*, v., devenir usé.

Ihi, s., jonc.

Ihi, adj., aise, de facile exécution, synonyme du mot aise, *erretch*.

Ihiki, adv., facilement.

Ihitz, s., rosée.

Ihitz, s., eau en petite quantité, répandue par

gouttelettes sur un corps quelconque.

Ihitzta, ihitzta-tu, v., se couvrir de rosée, tremper les pieds ou les jambes en marchant sur l'herbe mouillée.

Ihitzta, ihitzta-tu, v., répandre de l'eau à petites gouttes sur une pièce pour la balayer, ou sur du linge pour le repasser.

Ihitztoki, s., terrain où la rosée séjourne longtemps, d'où elle s'évapore difficilement.

Ihizi, s., gibier.

Ihizta, *ihizta-tu*, v., chasser, chassé.

Ihiztari, s., chasseur.

Ihortz, *ihortz-i*, v., enterrer, ensevelir, enterré, enseveli.

Ikhara, adj., tremblant.

Ikhara, *ikhara-tu*, v., trembler, tremblé.

Ikhas, *ikhas-i*, v., apprendre, appris.

Ikhatz, s., charbon.

Ikhatz, *ikhatz-tu*, v., carboniser.

Ikhatzgin, s., charbonnier.

Ikhatz-zaku, s., sac à charbon.

Ikhatztei, s., l'endroit où l'on tient le charbon.

Ikhel, s., bœuf hors de service pour l'attelage, propre seulement à la boucherie après qu'il aura été engraissé, ne l'étant pas encore.

Ikher, *ikher-tu*, v., visiter, visité, dans l'objet d'une recherche.

Ikherreste, s., reconnaissance.

Ikhus, *ikhus-i*, v., voir, vu.

Ikhusgarri, s., cadeau que des malades, notamment les femmes accouchées, reçoivent de leurs parents ou des amis qui les visitent.

Ikhustate, s., égard, considération.

Ikhustatez, adv., par considération.

Ikhuz, *ikhuz-i*, v., laver, se laver, lavé.

Ilain, s., ouvrier en laine.

Ilain, s., marchand de laine.

Ildaux, *ildaux-i*, v., terme de laboureur, rompre avec la herse la terre tournée avec la charrue.

Ilderreka, s., sillon que la charrue trace.

Ildo, s., longue tranche de terre que la charrue a tournée au sol en y ouvrant un sillon.

Ile, s., laine de bêtes à laine.

Ile, s., cheveu, en beaucoup d'endroits on dit *bilo;* les deux mots sont synonymes, avec cette circonstance que le mot *bilo* ne s'emploie jamais que pour traduire le mot cheveu et que laine exige toujours le mot *ile* pour sa traduction.

Ilhar, s., haricot.

Ilhar-biribil, s., petit pois.

Ilhaun, s., poudre ou cendre légère que le vent soulève et qui provient des corps brûlés dont on ne peut conserver de charbon, comme ce qui reste des fougères, des pailles et autres fourrages qu'on a fait brûler.

Ilhaun, s., poussière et pellicule qu'on sépare, au moyen du vent, du grain en le nettoyant.

Ilherri, s., cimetière, mot adopté par corruption du mot *hil-herri* signifiant pays de morts.

Ilhor, *ilhor-tu*, v., avorter, avorté.

Ilhun, adj., sombre, obscur.

Ilhun, *ilhun-du*, v., action du jour qui tombe ou qui devient nuit.

Ilhun, *ilhun-du*, v., obscurcir, assombrir, obscurci, assombri.

Ilhuna, s., nuit.

Ilhumpe, s., obscurité profonde.

Ilhuntze, s., entrée de la nuit.

Ilkhi, *ilkhi*, v., sortir, sorti, synonyme des mots *athera*, *yalgi*.

Illoba, s., neveu, nièce indifféremment, sans distinction de sexe.

Imachina, s., image.

Imasimanu, adv., avec parfaite ressemblance; *imasimanu zure semeak zu iduri du*, votre fils a une ressemblance parfaite avec vous.

Imbide, s., devoir, synonyme de *eginbide*.

Imbidezu, adj., honorable, disposé à remplir ses devoirs.

Imbidia, s., envie, sentiment de jalousie, mot évidemmeut reçu du mot français envie.

Imbigoa, s., sentiment de haine qui néanmoins n'a point éclaté encore.

Imin, *imin-i*, v., mettre, poser, synonyme des mots *ezar, ezarr-i*, mis, posé.

Imphiztu, s., provocation.

Impresione, s., impression.

Incha, s., haine cachée, rancune.

Incheska, s., mouvement de tiraillement du corps provoqué par l'inertie.

Incheska, *incheska-tu*, v., se livrer au tiraillement du corps par inertie.

Inda, s., sentier, chemin étroit à travers les champs.

Indar, s., force.

Indarka, adv., par force.

Indarrez, adv., par force, par l'emploi de la force, synonyme du mot *indarka*.

Indarzu, adj., fort, synonyme du mot *azkar*.

India, s., Inde.

Indiano, s., Indien.

Indies, s., au figuré riche.

Ingrat, adj., ingrat.

Ingratituda, s., ingratitude.

Ingura, *ingura-tu*, v., entourer, s'entourer.

Inguru, s., contour, circonférence.

Inguruka, adv., en mouvement, en tournant sur soi, ou bien en marchant sur une voie circulaire; *lurra inguruka dabila bethi*, *behinere gelditu gabe*, la terre est en mouvement, tournant sur elle-même sans s'arrêter jamais.

Ingurumen, s., alentour.

Inhalozka, *inhalozka-tu*, v., se vautrer, se rouler.

Inhalozka, adv., en se vautrant.

Inharros, *inharros-i*, v., secouer, secoué.

Inhurri, *inhurri-tu*, v., engourdir, s'engourdir, engourdi.

Inhurridura, s., engourdissement.

Inkarnazion, s., incarnation.

Inkonbenient, s., inconvénient.

Inobre, adv. (mot qui surenchérit sur celui de *arras*), énormément.

Inspirazione, s., inspiration. (Axular, p. 222.)
Instrukzione, s., instruction.
Inxea, *inxea-tu*, v., essayer, essayé.
Intres, s., intérêt.
Intresa, *intresa-tu*, v., intéresser, s'intéresser.
Intresatu, adj., intéressé, avare.
Intzire, s., plainte de mauvais goût, murmure de mécontentement sans ou avec peu de motif; *nehor ezda zu bezain urosik eta bethi intzirez zaude*, personne n'est aussi heureux que vous, et vous êtes toujours à vous plaindre.
Intzire, s., voix ou son que la souffrance arrache soit aux humains, soit du gosier des quadrupèdes, notamment lorsqu'ils mettent bas.
Inual, adj., imbécile.
Inxea, *inxea-tu*, v., essayer, s'essayer, essayé.
Inxegu, s., essai.
Inzaur, s., noix.
Inzaurtze, s., noyer.
Inyubi, *inyubi-tu*, v., acquérir un désir très-vif de tel objet; *ene haurrak inyubituak dire gaztainetara*, mes enfants sont très-désireux de châtaignes; *gathua* INYUBITUA *da bethi arrainera*, le chat est toujours friand de poisson.
Inyubitu, adj., qui est désireux spécialement de certains fruits ou comestibles; *Letizia inyubitua de gastainetara*, Letizia aime les châtaignes d'une manière spéciale; *gathua inyubitua da bethi arrannari*, le chat est toujours friand du poisson.
Iphar, s., nord.
Iphar, s., vent du nord.
Iphete, adj., plein de graisse; *gizon hori iphete egin da*, cet homme est devenu très-gros et gras.
Iphitta, adj., très-petit.
Iphurdi, s., postérieur d'une personne, d'un animal, synonyme du mot *uzki*.
Iphuru, s., terme de laboureur, point d'arrêt ou les instruments s'arrêtent dans les champs pour se retourner vers le point de leur départ.

Iphuruko, s., cheville attachant le timon au joug qui unit les animaux de trait, synonyme du mot *athela*.

Irabarkhi, s., foret, vilebrequin pour percer des futailles, des meubles en bois.

Irabaz, *irabaz-i*, v., gagner, gagné.

Iradallu, s., terme de laboureur, faulx avec laquelle on coupe de la fougère, de l'ajonc, etc.

Iraka, s., ivraie, mauvaise herbe.

Irakur, *irakur-tu*, v., lire.

Irasail, s., fougeraie.

Iratzar, *iratzar-tu*, v., se réveiller, synonyme du verbe *atzar*, réveillé.

Iratze, s., fougère.

Iratztoi, s., fougeraie, synonyme du mot *irasail*.

Iraul, *iraul-du*, v., tourner de la terre avec la charrue.

Iraun, s., durée.

Iraun, *iraun*, v., durer, duré.

Iraungi, *iraungi-tu*, v., apaiser, calmer. (Axular, page 293.)

Iraupen, s., durée, synonyme du mot *iraun*.

Iraurgi, s., plante, telle que fougère, ajonc, ou bien feuilles d'arbre, paille, généralement toute substance propre à servir de litière aux animaux domestiques et à devenir engrais.

Iraurt, *iraurt-u*, v., étendre la litière des animaux là où ils couchent.

Iraz, *iraz-i*, v., tamiser, faire passer un liquide, lait ou autre, à travers un tamis, pour le séparer des corps étrangers.

Irazk, *irazk-i*, v., ourdir, ourdi, terme de tissage.

Irazki, s., chaîne de fil.

Iraztor, s., fougeraie, synonyme des mots *irasail*, *iratztoi*.

Ireiz, *ireiz-i*, v., action de nettoyer le froment en le jetant au vent dans l'air avec une pelle creuse.

Ireiz, *ireiz-i*, v., nettoyer, éclaircir les liquides, en les faisant passer par des linges propres, par des passoires, etc.

Ireiz-phala, s., pelle creuse en bois pour jeter le froment au vent pour le nettoyer.

Ires, *ires-i*, v., peigner, peigné.
Irex, *irex-i*, v., avaler, avalé.
Iri, p. p., vers telle époque; *Bazko iri-an yinen da*, il viendra vers Pâques.
Irin, s., farine.
Irinda, *irinda-tu*, v., garnir de farine.
Irinteia, s., pièce où l'on passe la farine, où l'on pétrit le pain.
Irri, s., rire.
Irrix, s., désir faible, presque envie.
Irriz, adv., en riant.
Irule, s., fileur; ce mot *irule* est le syncope du mot *irun-zale*.
Irun, *irun*, v., filer, filé.
Iskinnaso, s., geai.
Isla, s., île.
Istant, s., instant.
Itchain, s., sangsue.
Itchura, s., couleur ou teint de la figure humaine.
Itchura, s., mine, apparence.
Itchura, s., portrait, figure représentant un objet
Itchurapena, s., mine, synonyme du mot *itchura*.
Ithachur, s., gouttière.
Ithandi, s., arpent, mesure de terre correspondant à 27 ares 37 centiares, à Baïgorry et à Saint-Jean-Pied-de-Port. Ce mot a été pris de celui *idi*, qui signifie bœuf, pour exprimer une contenance qu'un cultivateur peut labourer dans une journée avec le secours de l'attelage de ses grands ou gros bœufs.
Ithegun, s., arpent, synonyme du mot *ithandi*. Ce mot *ithegun*, peu usité dans le Labour et aux Provinces basques en Espagne, est en grand usage dans la Soule.
Itho, *itho*, v., noyer, se noyer.
Ithohoin, s., nom que le peuple donne aux étoiles composant la grande ourse.
Ithurri, s., fontaine, source.
Itza, *itza-tu*, v., clouer.
Itzain, s., bouvier.
Itzaingoa, s., métier de bouvier.
Itzal, s., ombre.

Itzal, *itzal-du*, v., se cacher, se perdre de vue.
Itze, s., clou.
Itziki, s., gorgée.
Itzikika, adv., par gorgée.
Itzul, *itzul-i*, v., retourner, revenir sur ses pas.
Itzul, *itzul-i*, v., revenir vers le point de départ.
Itzul, *itzul-i*, v., changer de face, tourner un corps quelconque de droite à gauche, de haut en bas et réciproquement, sur les mêmes lieux.
Itzuliphurdi, s., jeu des enfants qui, posant la tête au fond et en s'y appuyant, sautent en delà.
Itzuliphurdika, adv., s'exerçant au jeu précédent.
Ixasadar, s., embouchure d'une rivière sur la mer ; littéralement le mot *ixasadar* signifie branche de mer. Ce mot *ixasadar* s'emploie jusqu'au point où la marée monte.
Ixaso, s., mer.
Ixu, adj., aveugle.
Ixu, *ixu-tu*, v., s'aveugler, aveuglé, se rendre aveugle.
Ixukeria, s., aveuglement.
Ixus, *ixus-tu*, v., enlaidir, enlaidi.
Ixusi, adj., laid.
Ixuskeria, s., vilenie, action honteuse.
Ixutarzuna, s., cécité.
Iya, s., mot enfantin qu'on donne à de petits objets qu'on présente à des enfants pour les leur faire admirer.
Izai, s., peuplier.
Izapen, s., abondance.
Izar, s., étoile.
Izar, *izar-tu*, v., mesurer.
Izari, s., mesure ; *izari oneizu*, faites bonne mesure.
Izark, *izarki*, v., couvrir le feu.
Izarratu, adj., étoilé.
Izarrihitz, s., rosée.
Izarski, adj., état du ciel, clair, étoilé.
Izeba, s., tante.
Izen, s., nom.
Izenda, *izenda-tu*, v., nommer.
Izengoithia, s., surnom, sobriquet.
Izerdi, s., sueur.

Izert, *izert-u*, v., suer, sué.
Izigarri, adj., effrayant, effroyable.
Izikor, adj., peureux.
Izit, *izit-u*, v., s'effrayer, effrayé.
Izkiriba, *izkiriba-tu*, v., écrire, écrit.
Izkiribu, s., écriture.
Izokin, s., saumon.
Izorra, adj., état de grossesse d'une femme enceinte.
Izorra, *izorra-tu*, v., engrosser.
Izotz, s., petite gelée pas assez forte pour mériter la qualification de *kharroin* ou *horma*, forte gelée.
Izur, adj., froncé.
Izur, *izur-tu*, v., froncer.
Izuzki, s., balai, synonyme du mot *erhazt*.

K

Kaba, s., petit sac.
Kabale, s., nom s'appliquant à tout animal domestique quadrupède.
Kabeza, s., tête, mot emprunté du castillan.
Kachet, s., cachet.
Kacheta, s., petit siège servant aux enfants dans les maisons de paysans.
Kadera, s., chaise.
Kaka, s., excrément de toutes sortes d'animaux.
Kaka, s., merde.
Kakazu, adj., qui a de la merde.
Kakeile, adj., qui a besoin de chier.
Kakein, *kakein*, v., chier, chié.
Kalaka, s., morceau de bois qui, en frappant le vaisseau contenant le grain préparé à la mouture, l'en fait tomber sur les meules qui le broient.
Kalaka, s., bruit du *kalaka* que l'on entend en dehors.
Kalapio, s., force réduite presque à la faiblesse,

synonyme du mot *ge-men*.

Kali, *kali-tu*, v., tuer. Ce verbe n'est en usage que pour les reptiles que l'on tue.

Kaliko, s., calicot, étoffe en coton.

Kalte, s., malheur.

Kaltekor, adj., dangereux, exposant au malheur, sujet à des pertes.

Kampa, s., camp.

Kampa, *kampa-tu*, v., camper, campé.

Kampadera, s., étendue de terrain.

Kampanna, s., campagne, propriété hors ville.

Kampanna, s., campagne, terme militaire.

Kampo, s., dehors, ce qui est hors les clôtures.

Kampoko, s., celui ou celle qui n'est pas de la maison.

Kaneta, s., gaudet en métal avec anse.

Kanti, *kanti-tu*, v., se mouvoir.

Kapera, s., chapelle, terme de dévotion.

Kapete, s., bourrelet.

Kapezkap, s., tête-à-tête.

Kara, s., allure.

Karakoil, s., escargot.

Karesa, s., caresse.

Karesa, *karesa-tu*, v., caresser, caressé.

Karga, s., charge.

Karga, *karga-tu*, v., charger, chargé.

Kargu, s., emploi pour le service public.

Kargu, s., fonction publique.

Kargu, s., commission.

Kargu, *kargu-tu*, v., donner ou accepter une commission.

Kargudun, s., fonctionnaire public.

Karitate, s., charité.

Karitatos, adj., charitable.

Karkalla, s., rire avec éclat.

Karkallaz, adv., en riant avec éclat.

Karraska, s., bruit violent que font entendre le tonnerre qui éclate, le gros arbre dans sa chute, etc.

Karraskaz, adv., faisant un bruit violent; *karraskaz dago horzanza*, le tonnerre éclate; littéralement: le tonnerre est éclatant.

Karta, s., carte, terme de jeu.
Karta, s., carte de géographie.
Karta, s., dépêche (dialecte des Provinces basques espagnoles).
Kasik, adv., quasi.
Kaska, s., coup dur par un corps sur un autre.
Kaska, *kaska-tu*, v., détériorer un corps dur en le frappant avec un autre, fêler une bouteille, un verre.
Kasta, s., race, synonyme du mot *arraza*.
Katalo, adj., pendant.
Katcho, s., cor au pied.
Katoliko, s., catholique.
Kaudela, s., plainte, murmure.
Kausera, s., beignet.
Kaza, *kaza-tu*, v., chasser, chassé, éloigner de soi, avec renonciation à tout espoir ou crainte de retour.
Kesta, s., poursuite à la piste, terme de chasse; ordinairement on emploie ces mots pour les chiens de chasse.
Kesta, *kesta-tu*, v., action de recherche de quelqu'un qui ne néglige rien pour trouver ce qu'il cherche.
Keta, adj., certaine quantité; *bihi keta handi bat aurthen yiten da Amerikatik*, cette année il arrive de l'Amérique une grande quantité de grains.
Khadinna, s., chaîne en fer.
Khaduri, s., pollen spermatique.
Khalda, s., grande chaleur qui se manifeste par une fumée noire sortant du four où l'on fait de la chaux.
Khallu, s., peau de porc tué.
Khana, s., canne.
Khanabera, s., roseau.
Khar, s., zèle, volonté ferme.
Kharax, adj., amer.
Kharax, *kharax-tu*, v., devenir amer.
Kharaxtarzuna, s., amertume.
Kharba, s., braye.
Kharba, *kharba-tu*, v., brayer, brayé.
Kharbari, s., brayeur.
Kharbe, s., antre, grotte.
Kharda, s., carde, peigne à carder.

Kharda, *kharda-tu*, v., carder.

Khardabera, s., herbe qui a la forme d'un chardon, mais qui pique moins.

Khardo, s., chardon, mauvaise herbe qui pique.

Khario, adj., cher, prix élevé.

Kharmin, adj., goût aigre.

Kharraka, *kharraka-tu*, v., racler.

Kharrika, s., rue des cités.

Kharrika, s., chemin bordé de clôtures.

Kharroin, s., forte gelée, synonyme du mot *horma*.

Kharroin, *kharroin-du*, v., action du temps qui se met à geler.

Kharroin, *kharroin-du*, v., geler, gelé; *phutzuak kharroin dire*, les mares sont gelées.

Kharxu, adj., zélé.

Kharxuki, adv., avec zèle.

Kharzu, adj., plein de zèle; on dit *kharxu* par corruption, au lieu de dire *kharzu* que les principes prescrivent.

Khasu, s., cas, circonstance, occurrence.

Khasu, s., attention, soin.

Khausi, *khausi-tu*, v., trouver, trouvé.

Khausi, *khausi-tu*, v., frapper juste; *thiratu zautan tiroa bena ez ninduen khausitu*, il m'avait tiré un coup de feu, mais il ne m'atteignit point.

Khausi, *khausi-tu*, v., complaire, se rendre agréable auprès de quelqu'un; *Leonek nausiari khausitzen daka eta hunek maite du*, Léon plaît au maître et celui-ci l'aime.

Khe, s., fumée.

Khecha, *khecha-tu*, v., inquiéter, s'inquiéter, inquiété.

Khechadura, s., inquiétude.

Khechu, adj., inquiet.

Khedarre, s., suie.

Kheeta, s., espèce de barrière avec des branches menues pliées avec certain ordre.

Khen, *khen-du*, v., ôter, ôté.

Khennu, s., signe par un mouvement actuel d'un

membre de corps ou d'un instrument.

Khennuka, adv., par signe.

Kherementa, s., plainte vocale en forme désagréable.

Khesta, *khesta-tu*, v., enfumer.

Khinno, s., odeur mauvaise, mais faible, de la viande.

Khodoin, s., attache, lien au râtelier auquel on attache les bêtes à cornes.

Khoi, adj., qui désire tel objet.

Khonda, *khonda-tu*, v., compter.

Khondu, s., compte.

Khorbe, s., crèche, mangeoire de bœufs, vaches, etc.

Khorda, s., corde.

Khordeiru, s., discours long et diffus.

Khoro, s., couronne.

Khoroa, *khoroa-tu*, v., couronner, couronné.

Khorotz, s., engrais (dialecte souletin), synonyme du mot *hungarri*.

Khotcho, s., mâle de quadrupèdes.

Khotcho, adj., mâle.

Khotchu, s., vase en bois avec anse où l'on trait le lait des pis des vaches, des chèvres ou des brebis.

Khoxa, *khoxa-tu*, v., communiquer une maladie, communiqué.

Khoxu, s., communication d'une maladie par le contact, la respiration, ou de toute autre manière.

Khoxu, s., un petit peu d'un objet, un brin, plus ou moins; *arno khoxua badut, churi eta gorri, bainan ezdut oro elgarri emanik hamar flasko*, j'ai du vin plus ou moins, blanc et rouge, mais tout réuni je n'en ai pas dix bouteilles.

Khulu, s., quenouille.

Khuma, s., chevelure.

Khuma, s., crin qui descend sur le front du cheval.

Khunda, *khunda-tu*, v., compter, synonyme du mot *khonda*.

Khundu, adv., presque; *Leonek ez du naski orano bere huntarzuna oro chiflatu bainan uste dut yadanik khundu chiflatua duela,* je pense que Léon n'a pas encore dissipé toute sa fortune ; mais je crois qu'il l'a déjà presque dissipée.

Khunduhil, adj., presque mort.

Khurruka, s., râle.

Khurrulla, s., ronflement.

Khurubila , khurubila-tu, v., action de vanner le froment en le faisant tourner dans un crible.

Khurutza, khurutza-tu, v., croiser, se croiser.

Khurutze, s., croix.

Khurutze , s., terme de mépris ou de pitié.

Khurutzefika, s., crucifix.

Khurutzefika, khurutzefika-tu, v., crucifier.

Khurt, khurt-u, v., abaisser, s'abaisser.

Khutcha, s., bahut, synonyme de *hutcha.*

Khuya, s., citrouille.

Kichkil, adj., terme de mépris qu'on adresse à une personne de petite taille.

Kide, adj., pareil, semblable, de condition égale. Nul doute que dans l'origine le mot *haur* et le mot *kide* n'aient formé par leur réunion *haurkide,* signifiant enfants de condition égale, une qualification comme entre frère et sœur, et que ce mot *haur-kide* n'ait produit *aurhide* , aujourd'hui en usage pour les enfants, sans distinction de sexe, issus d'un seul et même mariage.

Kilika, kilika-tu, v., chatouiller.

Kilikor , adj. , chatouilleux.

Kinka, s., point tout près de l'équilibre, disposition de doute pour agir dans un sens ou dans un autre.

Kinkina, s., quinquina.

Kinze, s., un point au jeu de paume.

Kiskil, adj., terme de mépris qu'on adresse à une personne forte ou de grande corpulence.

Kita, kita-tu, v., quitter, abandonner.

Kita , kita-tu, v., se libérer envers un créancier.

Kito, adj., sans dette, sans obligation ; *orai* KITO *zire, ezduzu gehiago zorrik ,* actuellement , vous êtes quitte, vous n'avez plus de dettes.

Kitzika , kitzika-tu , v.,

chatouiller, remuer le feu, un groupe d'abeilles, de frêlons, de fourmis, provoquer de l'action, du mouvement.

Kitzika, *kitzika-tu*, v., provoquer à des actes d'hostilité par de mauvaises actions.

Klar, adj., clair.

Klarki, adv., clairement.

Klask, adv., par un seul mouvement prompt de la bouche, prendre et avaler. Ce mot est en usage seulement quand on parle des loups, des chiens, des porcs, etc.

Klaska, *klaska-tu*, v., action des loups, des chiens, des porcs, etc., qui avalent promptement et avec avidité.

Klaska, s., sonnette assez grande, en forme cylindrique, qu'on fait porter à des moutons

Klichketa, s., loquet.

Koainta, s., affaire désagréable, engageant à la plainte.

Kobla, s., strophe, terme de poésie.

Kobla, s., morceau de bois en forme de joug auquel on accouple les bêtes à cornes, les chèvres, etc.

Kobla, *kobla-tu*, v., attacher les animaux à cette espèce de joug.

Kobura, *kobura-tu*, v., recouvrer, recouvré.

Koburu, s., bon sens.

Koburu, s., action prompte et sensée tout à la fois.

Koburuz, adv., promptement et avec intelligence.

Kodrilla, s., groupe.

Kofa, s., trou qui se forme au milieu ou dans le corps de vieux arbres en décrépitude.

Kofa, adj., qualité de l'arbre ayant un vide dans l'intérieur.

Kofa, *kofa-tu*, v., action de l'arbre dont l'intérieur se pourrit ou se vide.

Kofesa, *kofesa-tu*, v., confesser, se confesser, confessé.

Kofesione, s., confession.

Kofoin, s., ruche à miel.

Koka, *koka-tu*, v., accrocher, s'accrocher, accroché.

Koko, s., œuf dans le langage enfantin.

Kokoma, s., champignon blanc.

Kokoratz, s., cri de la poule annonçant qu'elle a pondu.

Kokorika, *kokorika-tu*, v., accroupir, s'accroupir, accroupi.

Kokoriko, adv., position d'un animal raisonnable ou brute qui se tient accroupi ; *kokoriko dago ardura hartza*, souvent l'ours se tient accroupi.

Kokotz, s., menton.

Kol, s., col.

Kola, *kola-tu*, v., coller un corps contre un autre corps.

Kolazion, s., repas léger qui n'est ni déjeûner, ni dîner, ni souper.

Kolera, s., choléra, maladie trop connue, trop célèbre.

Kolera, s., colère.

Kolera, *kolera-tu*, v., se mettre en colère.

Kolet, s., ajustement qui entoure le cou des hommes.

Kolinet, s., ajustement qui entoure le cou des femmes.

Kolier, s., collier servant de parure ou d'ornement au cou.

Kolier, s., ceinture au cou par laquelle on garde un prisonnier, un animal, etc.

Kolier, s., ceinture au cou, par laquelle on garantit les chiens contre les loups, etc.

Kolier, s., collier des chevaux de trait.

Kolpa, *kolpa-tu*, v., blesser

Komai, s., marraine.

Komai-lagun, s., commère, suivante.

Komarka, s., ce qui est aux environs d'un lieu, d'une époque ; *duela zortzi egun zure behorra ikhussi nuen Altabizkarrean, orai ere komarka hetan izan beharda*, je vis, il y a huit jours, votre jument au mont Altabizkar, à présent aussi elle doit être aux environs.

Komarka, s., contrée.

Kombat, s., combat.

Kombati, *kombati-tu*, v., combattre.

Kombersazion, s., conversation.

Kombersion, s., conversion.

Komberti, *komberti-tu*, v., convertir.

Kompai, s., parrain.
Kompai-lagun, s., compère, suivant.
Kompari, *kompari-tu*, v., comparaître, comparu.
Komparti, *komparti-tu*, v., proposer une idée, un projet, proposé.
Kompas, s., compas.
Kompensa, *kompensa-tu*, v., compenser, compensé.
Kompensazion, s., compensation.
Kompletak, s., complies.
Kompli, *kompli-tu*, v., accomplir, accompli.
Komplimendu, s., compliment.
Komplimendusta, *komplimendusta-tu*, v., complimenter, complimenté.
Kompon, *kompon-du*, v., s'accommoder, arranger, s'arranger, accommodé, arrangé.
Komponzione, s., arrangement, accord.
Komun, s., communaux.
Komun, adj., commun, peu digne de recherche.
Komunion, s., communion, terme de dévotion.
Komuzki, adv., communément, ordinairement, habituellement.
Kondena, *kondena-tu*, v., condamner.
Kondera, s., discours long, diffus, ennuyeux.
Koner, adj., diagonal.
Konerka, adv., marcher sur une ligne diagonale.
Konforma, *konforma-tu*, v., se conformer, conformé.
Konforme, adj., conforme.
Konformitate, s., conformité.
Konnat, s., beau-frère.
Konnata, s., belle sœur.
Konsiderazion, s., considération.
Kontent, adj., content.
Kontenta, *kontenta-tu*, v., contenter, se contenter, contenté.
Kontrara, adv., au contraire.
Kontrario, s., contraire.
Kontre, p. p., contre, mot exprimant une action ou disposition opposée ou hostile.
Kontre, p. p., mot exprimant une position de contiguité.
Kontsumi, *kontsumi-tu*, v., se consumer, consumé.

Konzebi, *konzebi-tu*, v., concevoir, conçu.

Kopa, s., petit vase en bois, suspendu à une courroie en ceinture, dans lequel les faucheurs tiennent la pierre à 'aiguiser la faulx en trempe dans l'eau que contient le vase *kopa*.

Kopa, *kopa-tu*, v., couper la carte du jeu.

Kopeta, s., front, visage.

Kopeta, s., hardiesse, disposition à la querelle.

Kordoka, adj., état d'un meuble mal assis et en branle.

Kordoka, *kordoka-tu*, v., faire mouvoir un corps, le faire danser sans le déplacer.

Koroka, adj., état des animaux volatiles couvant ou se disposant à couver.

Korpiera, s., croupière.

Korrale, s., basse-cour.

Korrekzione, s., correction.

Korrompi, *korrompi-tu*, v., corrompre, corrompu.

Korropila, *korropila-tu*, v., nouer.

Korropilo, s., nœud.

Koska, s., bruit d'un corps qui en frappe un autre.

Koska, *koska-tu*, v., frapper un corps par un autre.

Koskaka, adv., en frappant un corps par un autre.

Koskolla, s., scrotum, bourse à testicule.

Kostuma, s., usage, habitude.

Kotchea, s., instrument ment de la longueur d'environ 45 centimètres, en forme de croix, sur lequel on place le fil tiré du fuseau pour en former des écheveaux..

Kotera, s., gouttière.

Kotor, s., terrain en pente, côte.

Kozina, s., cuisine.

Kozina, *kozina-tu*, v., faire la cuisine, préparer les mets.

Koziner, s., cuisinier.

Kozinersa, s., cuisinière.

Kracha, *kracha-tu*, v., cracher, craché.

Kraka, s., bruit que fait un corps qui craque.

Kreatura, s., créature.

Krepa, s., crêpe.

Kreson, s., cresson.

Krik, krak, adv., avec beaucoup de promptitude.

Kristo, s., Christ.

Kuarenta, s., nombre de trois points, terme de jeu de paume.

Kuchina, s., coussin.

Kuku, s., coucou, oiseau qui chante *kuku*.

Kuku, kuku-tu, v., couvrir, se couvrir, synonyme du mot *estal*, couvert.

Kukula, s., le sommet d'un arbre, d'une plante, tels que le maïs, le roseau.

Kunkur, s., bosse; *Gabriel-ek kunkur handi bat badu*, Gabriel a une grande bosse.

Kunkurad, s., bossu; *Gabriel kunkur da*, Gabriel est bossu.

Kunkur, kunkur-tu, v., devenir bossu; *Gabriel zahar-tu eta kunkur-tu da*, Gabriel a vieilli et il est devenu bossu.

Kurios, adj., curieux.

Kurios, adj., propre.

Kurioski, adv., proprement.

Kurka, s., voix de satisfaction du porc et de la truie.

Kurlinka, s., courlis, oiseau.

Kurri, kurri-tu, v., courir.

Kurri, adv., en course; *kurri dabila Martin*, Martin est en course.

Kurrinka, s., cri plaintif de la truie et du porc.

Kurruchka, s., espèce de raisin blanc assez précoce et d'un goût fort sucré.

Kurruska, s., gargouillement, bruit de l'estomac, des intestins, sans que des vents s'en échappent.

Kusku, s., coque d'un œuf, d'un fruit quelconque, tels que les noix, noisettes, châtaignes.

Kuskula, s., cuscute, herbe des prairies sèches, portant certains fruits jaunâtres qui gonflent.

Kuskula, s., clonnette ronde à bouche rétrécie.

L

Labaki, s., pièce de terre. Ce mot s'applique ordinairement aux terres nouvellement défrichées ou arides.

Labalde, s., fournée.

Labe, s., four.

Labetegi, s., fournil.

Labo, adj., qui a la vue courte, mauvaise.

Labora, *labora-tu*, v., labourer, labouré.

Laboranza, s., agriculture.

Laborari, s., laboureur, cultivateur.

Laborari, adj., laboureur.

Labore, s., comestible en pain de froment, de seigle, d'orge, de maïs, sans distinction de sa nature.

Labur, adj., court.

Labur, *labur-tu*, v., raccourcir, raccourci.

Laburzki, adv., sous peu de temps.

Lacha, *lacha-tu*, v., détacher, détaché.

Lachaprena, s., terme de vigneron, bourgeon du pampre poussé comme la grappe mais sans fruit, s'accrochant à d'autres pampres, ou bien au tuteur ou pied de vigne.

Lacho, adj., négligent.

Lacho, *lacho-tu*, v., se négliger, négligé.

Lachokeria, s., négligence.

Lachoki, adv., sans craindre aucun danger.

Lachosko, adj., un peu négligent.

Lagun, s., camarade, aide.

Lagun, *lagun-du*, v., seconder, aider, secourir, secondé, aidé, secouru.

Lagunza, s., secours.

Lahar, s., ronce.

Laia, s., pampre de vigne.

Laido, s., outrage.

Laket, adj., se plaisant dans tel ou tel endroit.

Laket, *laket-u*, v., se plaire.

Lakha, s., mesure de capacité, correspondant au quart du décalitre.

Lakha, *lakha-tu*, v., action du meunier qui prend en nature son droit pour la mouture.

Lakhanna, s., morceau ou partie d'un tout. Ce mot *lakhanna* ne se dit que pour des morceaux extraits du lin, de la laine, des cheveux, du crin; *liho lakhanna*, morceau de lin; *ile lakhanna*, morceau de laine; *bilo lakhanna*, mèche de cheveux; *churda lakhanna*, morceau de crin.

Lakrio, s., nœud coulant.

Lampa, s., lampe.

Lamphux, adj., mal aiguisé ou émoussé, terme de menuisier, de charpentier, de cuisinier.

Lamphux, *lamphux-tu*, v., émousser, s'émousser, émoussé.

Lan, s., travail.

Lan-berri, s., nouveau travail.

Lanchurda, s., ondée mélangée de neige et d'eau, tombant en petite quantité.

Landa, s., terre labourable, synonyme du mot *alhor*.

Landa, *landa-tu*, v., planter.

Landare, s., plant d'arbre ou d'herbe, destiné à la plantation ou qui est déjà planté, mais récemment, sans qu'on puisse le qualifier *arbole* (arbre).

Landelge, s., grande étendue labourable appartenant à diverses personnes qui y ont leurs parcelles distinctes.

Langi, *langi-tu*, v., s'affaiblir par la fatigue.

Langile, s., travailleur, ouvrier.

Lanho, *lanho-tu*, v., action du temps qui couvre de nuages telle partie du sol.

Lanho, s., nuage.

Lanhosta, *lanhosta-tu*, v., terme de blanchisseur, action de l'humidité qui imprime des taches à la toile que l'on blanchit.

Lankhia, s., atelier, lieu où l'on travaille. Ce mot *lankhia* se prononce par corruption ; le véritable mot est *langia*, signifiant l'endroit ou l'on travaille.

Lanno, adj., franc, sincère, loyal.

Lannoki, adv., franchement, loyalement.

Lanth, *lanth-u*, v., équarrir une pièce de bois ou lui donner une forme en lui enlevant une partie du corps avec la hache.

Lanth, *lanth-u*, v., défricher une terre en friche, pour la convertir en labourable, jardin, etc.

Lanthei, s., atelier, synonyme du mot *lankhia*.

Lanyer, s., danger, synonyme du mot *hirrisku*.

Laphitz, s., roc au niveau de la surface de la terre, de la rivière, etc.

Larda, *larda-tu*, v., terme de cuisine; larder une volaille ou gibier à la broche.

Lardai, s., timon d'un véhicule quelconque.

Larderia, s., crainte, intimidation.

Larderia, *larderia-tu*, v., menacer, inspirer de la crainte.

Larga, *larga-tu*, v., élargir, laisser libre.

Larganza, s., largesse.

Largo, adj., large.

Larre, s., pâture.

Larri, adj., un peu gros.

Larru, s., peau.

Larru, *larru-tu*, v., écorcher.

Laster, adv., promptement.

Laster, s., course.

Lasterka, adv., en courant.

Lasterkari, s., coureur.

Laster-salda, s., soupe à l'ail, soupe à l'oignon.

Lastima, s., vif sentiment de douleur morale.

Lasto, s., paille.

Lastokari, s., ouvrier qui aide les hommes occupés à battre le froment.

Latch, adj., âpre, diminutif de la qualification de *latz*.

Latch, s., plante qui croît sur des terrains secs, au milieu des rochers, qui s'élève à un pied au plus haut; ses feuilles toujours vertes portent des épines.

Latha, s., latte.

Latz, s., âpre, qualité de ce qui n'est point lisse, poli.

Latzdura, s., âpreté au toucher.

Latzdura, s., peur légère.

Latzgarri, adj., terrible.

Latzta, *latzta-tu*, v., être saisi d'une légère peur.

Lauda, *lauda-tu*, v., louer.

Laudagarri, adj., louable.

Laudeta, s., allouette.

Laudorio, s., louange.

Laukha, *laukha-tu*, v., accorder secours avec attelage, terme de voiturier, secourir un voiturier à traîner sa voiture, pour franchir une côte.

Laukha, adv., manière de faire traîner une charrue, une voiture, etc., par double attelage

Laurden, s., quart.

Laurdenga, *laurdenga-tu*, v., diviser par quatre, mettre un corps en quatre portions.

Laurhatzka, adv., marche au galop.

Laurhatzka, *laurhatzka-tu*, v., galoper, galopé.

Lausenga, *lausenga-tu*, v., cajoler, flatter, cajolé, flatté.

Lausengu, s., cajolerie, flatterie.

Lauso, adj., qui a la vue mauvaise, myope.

Lauza, s., lavasse, pierr plate.

Laxa, *laxa-tu*, v., action d'une laveuse qui frappe le linge trempé, pour le blanchir, contre une pierre ou une planche de bois à ce destinée, au lavoir, lavé.

Laxaharri, s., pierre ou morceau de grosse planche qui sert, au lavoir, aux laveuses pour recevoir les coups qu'elles lui donnent avec du linge trempé.

Laxari, s., laveuse.

Laxun, s., chaux, synonyme de *gizu* (dialecte souletin).

Laza, *laza-tu*, v., se négliger sur un devoir, sur l'exercice d'un droit, d'une fonction.

Lazakeria, s., négligence.

Loze, adj., qualité d'un lien, corde ou autre corps, qui en entoure un autre, mais sans le presser.

Lazo, adj., négligent.
Lazo, s., corde commune des muletiers, pour attacher leurs charges sur les bâts.
Lazoki, adv., négligemment, avec nonchalance.
Lazta, *lazta-tu*, v., s'effrayer, effrayé.
Laztan, adj., propre, soigneux.
Lebrosta, s., levreau.
Legar, s., gravier.
Legarsta, *legarsta-tu*, v., graveler, gravelé.
Lege, s., loi.
Legun, adj., lisse, sans âpreté.
Legun, *legun-du*, v., rendre lisse, polir.
Lehen, adv., auparavant.
Lehen, adj., premier.
Lehenago, adv., autrefois, dans l'ancien temps.
Lehenbailehen, adv., au plus tôt.
Lehenbizi, s., adj. numéral, premier, synonyme du mot *lehen*, expression propre et très-suffisante ; mais ce mot *lehenbizi*, qui signifie littéralement première vie, est employé abusivement et trop souvent.
Lehendanik, adv., antérieurement.
Lehenik, adv., premièrement.
Leher, *leher-tu*, v., crever, crevé.
Leher, *leher-tu*, v., écraser, écrasé.
Lehergarry, adj., qui est capable de faire crever de rire.
Lehia, s., empressement, hâte.
Lehia, *lehia-tu*, v., s'empresser, se hâter, empressé, hâté.
Lehoin, s., lion.
Lei, *lei-tu*, v., lire, lu, synonyme du verbe *irakur*, *irakur-tu*.
Leiho, s., fenêtre.
Leihor, s., terre ; *leihor* est en usage par opposition au mot *ixaso* (mer) ; ce mot doit être syncope des deux mots *lur idor*, signifiant terre sèche.
Leituga, s., laitue, herbe potagère.
Leizar, s., frêne.
Leize, s., précipice fermé, sans autre ouverture que son embouchure ou orifice.
Leizor, s., frêlon.

Lejion, s., légion.
Leka, s., enveloppe de graines, de fèves, de haricots, de pois qui ne sont pas encore bien formés et que l'on mange en sauce avant leur maturité.
Lekazin, s., petit champignon jaunâtre.
Lekhayo, s., laquais.
Lekhu, s., lieu, place.
Lelo, s., habitude, usage.
Lepho, s., cou.
Lepho, s., col d'une montagne.
Lerden, adj., svelte, délié, ayant certaine longueur sans avoir une grosseur proportionnée, mais suffisamment pour la beauté du corps.
Lerin, adj., bien mûr.
Lerin, *lerin-du*, v., bien mûrir, mûri.
Lerra, *lerra-tu*, v., glisser, glissé.
Lerro, s., rang des objets placés sur la même ligne, synonyme du mot *herroka*.
Lerzo, s., reste d'un liquide sur un vase, ou trace de malpropreté.
Letain, s., dent canine.
Lethainna, s., litanie.
Leuza, s., lavasse.
Lexon, s., grue.
Libertate, s. liberté.
Libra, *libra-tu*, v., délivrer, rendre libre, délivré.
Libre, adj., libre.
Libro, adj., libre, synonyme du mot *libre*.
Liburu, s., livre.
Lichter, adj., synonyme du mot *pilika*, un petit peu de.....
Liga, s., lie.
Liho, s., lin.
Liholekhu, s., terrain sur lequel on vient de récolter le lin.
Likhix, adj., sale, dégoûtant.
Lili, s., fleur.
Lili, *lili-tu*, v., fleurir.
Lima, s., lime.
Lima, *lima-tu*, v., limer.
Limosna, s., aumône, synonyme du mot *amoina*.
Lindo, adj., propre, sans tache.
Linna, s., traîneau.
Lipu, s., araignée.
Liska, s., petite mare, marécage.
Lix, s., espèce de frange que l'état de vétusté des étoffes fait former.
Lix, *lix-tu*, v., action exercée par le temps ou l'usage sur les étoffes,

qui se réduisent en mauvaises franges ou drilles.

Lizun, adj., sale, malpropre, malhonnête.

Lizun, *lizun-du*, v., salir.

Lo, s., sommeil.

Logale, adj., disposé à dormir, qui a envie de sommeiller.

Lohi, s., boue.

Lohi, *lohi-tu*, v., changement de la poussière en boue.

Lohikeria, s., péché contre le 6me commandement de Dieu.

Lokhar, *lokhar-tu*, v., s'endormir, endormi.

Lokharri, s., emplâtre.

Lolo, s., petit poisson de couleur fauve, de la grosseur du véron et un peu plus long.

Lora, *lora-tu*, v., prendre racine ; *aurthen landatu ditut ehun haritz eta ora loratu dire*, cette année j'ai planté 100 chênes, tous ont pris.

Lore, s., fleur, synonyme du mot *lili*.

Lore, adj., doux, tranquille ; *hur bizietan beno laketago dire aingirak hur loretan*, les anguilles se plaisent mieux dans les eaux tranquilles que dans les eaux d'un cours rapide.

Loria, s., délice, jouissance grande, pure.

Lorian, adv., aux délices.

Lorifika, *lorifika-tu*, v., glorifier.

Lot, s., lot, mot adopté du français, reçu et mis en usage par les Basques dans les affaires de partage et de loterie.

Loth, *loth-u*, v., saisir par la main.

Loth, *loth-u*, v., action d'un plant d'arbre, d'une plante d'herbe qui prend racine sans se dessécher.

Loth, *loth-u*, v., action d'une ante ou d'une greffe qui prend vie sur un plant sans se dessécher.

Loth, *loth-u*, v., saisir par le contact, unir, s'attacher à..... uni, attaché.

Loth, *loth-u*, v., panser une blessure, un mal, avec du linge, des emplâtres, etc., pansé.

Lotgaillu, s., bande ou autres morceaux de vieux linge servant à l'application d'emplâtres.

Lotgarri, s., emplâtre.

Loxa, *loxa-tu*, v., intimider, s'intimider, intimidé.

Loxagarri, adj., capable d'intimidation.

Loxeria, s., frayeur.

Luhunz, s., lierre, herbe parasite qui s'accroche aux plantes, notamment aux tiges de froment et aux cannes de maïs.

Lukurari, adj., avare, synonyme du mot *abarizios*.

Luma, s., plume.

Luma, *luma-tu*, v., garnir de plume; *luma-tu artean piru horiek artha handi behar dute*, ces oisons ont besoin de grands soins jusqu'à ce qu'ils aient des plumes

Lurberatu, s., terre labourable.

Lurka, *lurka-tu*, v., terrer; cette locution est admise par l'usage en remplacement du mot *lursta* que les principes exigent.

Lurmin, s., terme de pasteur, terrain dégagé nouvellement de la neige, où le pasteur peut faire paître désormais son troupeau.

Lursagar, s., pomme de terre.

Lustre, s., lustre.

Luxuria, s., péché contre le 6me commandement de Dieu, synonyme de *lohikeria*.

Luza, *luza-tu*, v., allonger, proroger, renvoyer à une autre époque.

Luzakeria, s., longueur, lenteur dans les affaires, dans les travaux.

Luzaran, adv., à la longue.

Luzaraz, adv., longuement, avec lenteur.

Luze, adj., long.

Luzetarzun, s., longueur.

Luzifer, s., Lucifer, chef des démons.

M

Madama, s., madame, mot emprunté du français.

Madari, s., poire.

Madarika, *madarika-tu*, v., maudire.

Madarikatua, adj., maudit.

Mahain, s., table.

Mahaitra, s., tablée.

Mahax, s., raisin.

Mahaxtei, s., vigne.

Mahaxteka, *mahaxteka-tu*, v., mâcher.

Mahei, adj., de travers, d'une manière contraire à la régularité d'un corps.

Mahuri, s., fraise.

Maiatz, s., mois de mai.

Mainatera, s., crèche, mangeoire.

Maingu, s., mouvement qui fait boîter; *Yakobek maingu handi bat badu*, Jacob est atteint d'une grande infirmité, il boîte fortement.

Maingu, adj., boiteux.

Maingu, *maingu-tu*, v., devenir boiteux, se rendre boîteux.

Mainguería, s., maladie contagieuse qui atteint les bêtes à laine, dont les sabots se gonflent; elle est presque toujours occasionnée par la boue du bercail où on les tient pendant les pluies.

Mainguka, adv., marcher en boîtant.

Mainha, *mainha-tu*, v., se baigner.

Mainho, s., bain.

Mainhoar, s., baignoire.

Mairan, s., bois propre à une construction quelconque.

Mairu, s., personne dure, sans pitié.

Mairu, adj., d'une qualité dure, ayant le cœur impitoyable.

Maite, adj., aimant.

Maitha, *maitha-tu*, v., aimer, aimé.

Maithagarri, adj., aimable.

Maiz, adv., synonyme du mot *ardura*.

Mayestate, s., majesté.

Maka, s., bosse occasionnée aux objets en métal par leur chute, ou par des coups violents.

Maka, *maka-tu*, v., tracer des bosses.

Makhila, s., bâton, canne.

Makhinna, s., auge servant de mangeoire aux porcs.

Makhur, s., contestation, différence, désaccord; *lehen bi anayak onxa ginen, bainan orai zerbait makhur badugu*, autrefois nous étions bien les deux frères, mais actuellement nous avons quelques différends.

Makhur, adv., dans une position contraire à celle que l'on devrait tenir.

Makhur, *makhur-tu*, v., dévier, dévié, changer d'une direction droite ou exacte, prendre une ligne oblique.

Makhur, *makhur-tu*, v., ployer, ployer un corps droit, et le faire courber, ployé.

Mala, s., malle, petit coffre.

Malba, s., mauve.

Malda, s., terrain en pente.

Malestruk, s., maladroit.

Malezia, s., malice.

Mali, adj., faible, débile.

Malino, adj., faible débile, synonyme de *mali*.

Mallea, *mallea-tu*, v., emprunter.

Mallu, s., maillet.

Malluka, *malluka-tu*, v., briser, frapper à coups de maillet.

Malur, s., malheur.

Malur, *malur-tu*, v., perdre par accident.

Maluros, adj., malheureux.

Malxo, adj.; cet adjectif est en grand usage et qualifie un animal de bon caractère qui se laisse caresser et conduire par l'homme.

Malxo, adj.; cet adjectif, appliqué à l'espèce humaine, signifie sans énergie.

Malxo, *malxo-tu*, v., adoucir, énerver, faiblir, adouci, énervé, faibli.

Mama, s., boisson dans le langage enfantin.

Mamia, s., mie de pain. (Axular, p. 189.)

Mamor, s., braise ardente.

Mamu, s., être idéal, fantôme dont on se sert pour faire peur aux enfants.

Mamu, *mamu-tu*, v., se couvrir, se masquer d'une manière hideuse.

Mana, s., manne du ciel.

Mana, *mana-tu*, v., commander, donner des ordres.

Manamendu, s., commandement.

Mancha, s., gousse, enveloppe couvrant des fèves, des haricots, des pois déjà formés ; on dit *baba mancha*, *ilhar mancha*, pour enveloppes des graines formées, et *baba leka*, *ilhar leka*, pour celles qui couvrent les graines commençant seulement à se former.

Manchot, s., manchot.

Mandio, s., étable couverte de chaume.

Mando, s., mulet, mule.

Mando, adj., stérile ; cet adj. s'applique proprement aux animaux femelles ; on l'applique aussi aux femmes stériles, mais c'est par mépris seulement.

Mandozain, s., muletier.

Manea, *manea-tu*, v., manier, conduire, soigner quelqu'un, quelque chose, manié, conduit, soigné.

Manera, s., manière.

Manka, *manka-tu*, v., manquer, manqué.

Manna, s., soin de sa personne.

Manna, *manna-tu*, v., soigner avec attention.

Manta, s., couverture de lit.

Mantalet, s., mantelet.

Mantena, *mantena-tu*, v., nourrir, pourvoir à ce dont un individu, raisonnable ou non, peut avoir besoin.

Mantenu, s., entretien en nourriture.

Manthar, s., chemise de femme.

Manto, s., manteau.

Mantulet, s., casaquin.

Manu, s., ordre, commandement.

Manyatera, s., crèche ou mangeoire à moutons et brebis.

Mardie, conj., par Dieu.

Mardo, adj., flexible, mou.

Marhanta, s., rhume.

Marhanta, *marhanta-tu*, v., s'enrhumer.

Marhega, s., couverture

grossière, en toile ou en laine, servant à couvrir des quadrupèdes, des voitures de transport, etc., etc.

Marinada, s., marinade.

Marinnel, s., marin.

Maripulis, s., veste.

Marka, s., marque, signe.

Marka, *marka-tu*, v., faire sur un corps quelconque une marque particulière qui le fasse reconnaître.

Marka, s., rayonneur ou instrument aratoire servant à tracer dans un champ préparé les sillons où l'on sème le maïs.

Markhitch, adj., état d'un corps où manque un morceau.

Markhitch, *markhitch tu*, v., rendre un corps défectueux ou en déficit en lui enlevant un morceau.

Marra, s., ligne tracée par un corps quelconque sur un autre : par la plume sur du papier, par le crayon *idem*, par le bout d'un bâton sur la terre, etc.

Marraka, s., bêlement du mouton, de la chèvre.

Marraka, s., miaulement des chats.

Marraska, s., cri fort et violent annonçant la détresse.

Marro, s., bélier.

Marruchketa, s., petit rabot qu'on manie avec une seule main.

Marruchketa, *marruchketa-tu*, v., polir avec le petit rabot.

Marruma, s., cri plaintif ou de colère de grosses bêtes.

Martchite, s., serpe, outil recourbé de vigneron pour tailler la vigne.

Masa, s., abondance.

Masa, s., masse des biens à partager.

Masakra, *masakra-tu*, v., massacrer, massacré.

Massakre, s., massacre.

Maska, s., masque.

Maska, *maska-tu*, v., masquer, se masquer, masqué.

Masta, s., mât, terme de navigation, arbre auquel on attache les voiles des navires.

Mastik, s., mastic.

Mastika, *mastika-tu*, v., mastiquer, garnir de

mastic les fentes ou les jointures des vaisseaux formés de diverses pièces, afin d'empêcher le passage des liquides.

Mata, *mata-tu*, v., mater.

Matcharde, adj., fourchu.

Matcharra, *matcharra-tu*, v., faire rôtir les galettes de maïs au feu, sur le gril à ce destiné.

Matcharro, s., gril à manche, sans pied, dont les montagnards ou pasteurs basques font usage pour faire leurs galettes de maïs sur la braise.

Materia, s., matière, mot adopté du français.

Materia, s., pus.

Materia, *materia-tu*, v., terme d'infirmerie, action du mal tendant à se mettre en suppuration.

Mathela, s., joue.

Mathelako, s., soufflet.

Mathuin, s., pâte provenant du lait qu'on a séparé du petit lait, lequel n'est pas encore devenu fromage.

Mayor, s., major, grade militaire.

Mayor, adj., qui fait le supérieur; on emploie souvent ce mot par mépris ou par dérision.

Mazapen, s., massepain.

Maze, s., tamis.

Mazela, s., joue, synonyme du mot *mathela;* on dit aussi *mendy mazela* pour un revers de montagne.

Mazelako, s., synonyme du mot *mathelako*.

Mazkaro, adj., qualité d'une bête à laine qui a le museau bigarré, de plusieurs couleurs.

Mazo, s., massue.

Mazuza, s., mûre, fruit de ronce.

Meha, *meha-tu*, v., maigrir, maigri.

Mehar, adj., étroit.

Mehar, *mehar-tu*, v., rétrécir, rétréci.

Mehatcha, *mehatcha-tu*, v., menacer, menacé.

Mehatchu, s., menace.

Mehax, adj., un peu maigre, élancé.

Mehax, *mehax-tu*, v., amincir, aminci.

Mehe, adj., maigre.

Mehe, *mehetu*, v., maigrir, on prononce et on écrit souvent par corruption *meha-tu*.

Melino, adj., faible, sans fermeté morale.

Memento, s., moment.
Men, s., portée, distance à la portée.
Mende, s., siècle.
Mendeka, *mendekatu*, v., mériter par son travail; *sehi horrek bere soldatak onxa mendekatuak ditu*, ce domestique a bien mérité ses gages.
Mendeka, *mendeka-tu*, v., sévir avec colère, exercer une vengeance, sévi.
Menderenmendetan, adv., dans la nuit des temps.
Mendi, s., montagne.
Mengua, s., insuffisance, condition peu avantageuse.
Mengua, *mengua-tu*, v., amoindrir, rendre moins fort.
Mens, adj., faible d'esprit, imbécile.
Mentura, s., hasard.
Mentura, *mentura-tu*, v., hasarder, oser, osé.
Menx, s., déficit, incomplet.
Menx, *menx-tu*, v., manquer de mesure pour compléter; *Leon-ek bere zor oroz pagatu nahi nindien, bena Napoleon bat, menx-tu zako, eta kito egin dut*, Léon voulait me payer toute sa dette, mais un Napoléon lui a manqué, et je l'ai laissé quitte.
Merechi, s., mérite.
Merechi, *merechi-tu*, v., mériter, mérité.
Merechimendu, s., mérite, synonyme de *merechi*.
Merka, *merka-tu*, v., baisser de prix.
Merke, adj., à bon marché.
Merkhatu, s., marché.
Merkhatukari, adj., qui aime à fréquenter les marchés.
Merzil, adj., mou, flasque.
Merzil, *merzil-du*, v., devenir flasque.
Meskaba, *meskaba-tu*, v., subir un mal par accident.
Meskabu, s., mal accidentel.
Mesperetcha, *mesperetcha-tu*, v., mépriser, méprisé.
Mesperetchu, s., mépris.
Mestura, s., pain fait avec du maïs cuit au four, dans des vases grossiers, ou dans des cercles en fer ou en bois.

Meta, s., monceau, tas, synonyme de *phulo*.
Meta, *meta-tu*, v., mettre en monceau.
Meza, s., messe.
Mezu, s., commission.
Mezu, *mezu-tu*, v., donner, recevoir ou envoyer une commission.
Mezüka, adv., parlant en secret à l'oreille.
Mia, s., mine.
Michika, s., petit bouton rouge qui se manifeste sur la peau comme sur une personne atteinte de la rougeole.
Michkaudi, s., domestique (dialecte souletin), synonyme des mots *sehi*, *ñehabe*.
Michkurteria, s., affront peu important mais piquant.
Mihi, s., langue.
Mihimen, s., osier.
Mihise, s., drap de lit.
Mihula, s., gui, plante qui est produite par de vieux arbres.
Mihuri, s., grain de fruits.
Mikitta, s., un très-petit morceau d'un corps quelconque; ce mot est diminutif du mot *miko*.
Miko, s., un fort petit morceau d'un corps quelconque.
Mila, s., mille, nom de nombre; *mila gauzaz minzatuko nitzauzu*, je vous parlerai de mille choses.
Milika, *milika-tu*, v., lécher.
Min, s., mal.
Min, *mindu*, v., moisir, moisi; *mindu* ne se dit que du pain de froment, de seigle, de maïs, etc.
Mindegi, s., échalassière.
Mingar, s., goût aigre, dégoûtant.
Mingotch, s., oseille.
Minhar, *minhar-tu*, v. se faire mal.
Ministro, s., ministre.
Minkhor, adj., aigre, de mauvais goût.
Minkhor, adj., inquiet; *gichon minkhor charbatda*, c'est un petit homme inquiet.
Mintza, *mintza-tu*, v., parler, parlé.
Mintzaye, s., langage, langue.
Mintzo, adj., état ou position d'un homme qui parle.
Mira, *mira-tu*, v., mirer, miré, chercher par la

vue, en regardant avec soin les lieux où l'on suppose les objets.
Miragarri, adj., admirable
Mirail, s., miroir.
Mirailda, *mirailda-tu*, v., se regarder au miroir.
Mirakulu, s., miracle.
Mirex, *mirex-i*, v., se dépiter, éprouver des contrariétés.
Miru, s., milan.
Miserikordia, s., miséricorde, pitié.
Miserikordios, adj., miséricordieux.
Misterio, s., mystère.
Mitcha, s., charpie.
Mithiri, adj., hardi jusqu'à l'impertinence.
Mizpira, s., nèfle.
Mizpiratze, s., néflier.
Mobi, *mobi-tu*, v., mouvoir, se mouvoir.
Mobimendu, s., mouvement.
Mocholon, s., mousseron.
Mokhor, s., motte de terre.
Mokhor, s., extrait de rochers ayant la forme ronde ou presque ronde.
Moko, s., pointe d'un corps, notamment des armes quelconques, des cannes, bâtons, perches, etc.
Moko, s., bec de tout animal volatile.
Molda, *molda-tu*, v., dresser, préparer, dressé, préparé.
Molde, s., moule dans lequel on coule des métaux pour en faire des meubles.
Molde, s., façon.
Molde, s., disposition d'un individu propre à l'action proposée.
Moldehun, adj., de bonne figure, annonçant de la santé.
Moldegaitz, adj., maladroit, grossier.
Monho, s., sommet ou mamelon de terrain.
Monta, *monta-tu*, v., monter.
Morde, adj., qualification précédant le nom de quelqu'un que l'on veut honorer, et correspondant au mot français Monsieur, dont le mot basque dérive probablement.
Morrodo, s., pain qu'une marraine fait passer avec des œufs à son filleul, pendant son enfance, à chaque fête de Pâques.

Morroin, s., bourrache.
Morroin, s., jeune garçon (dialecte souletin).
Morroko, s., fagot de paille.
Mosko, s., bec des animaux volatiles, synonyme du mot *moko*.
Moskoka, adv., à coup de bec. Cette manière de parler au figuré est souvent employée entre les revendeuses, pour exprimer l'état de diverses personnes qui se disputent avec impertinence.
Moskokari, s., querelleur, impertinent.
Mota, s., race.
Mota, s., espèce; *sagar motarik hobenak ene gustuko ernetak dira*, les meilleures espèces de pommes pour mon goût sont les rainettes.
Mothel, s., bègue.
Mothel, *mothel-du*, v., devenir bègue.
*Motheldu*z, adv., en bégayant.
Motho, s., coiffure simple, dont les femmes, les filles ou les enfants couvrent leurs têtes.
Motz, adj., court, ayant une longueur insuffisante.
Motz, *motz-tu*, v., couper, coupé, synonyme du verbe *phika*.
Motz, adv., brusque.
Motzkin, s., réserve, épargne.
Moyen, s., ressource, moyen.
Mozkor, adj., courtaud, ce qui est très-court comparativement à la longueur.
Mozkor, adj., ivrogne.
Mozo, s., jeune garçon. Ce mot est en grand usage dans les Provinces espagnoles et peu en France.
Muga, s., échéance d'un terme.
Muga, s., borne, extrémité d'un terrain, d'un Etat grand ou petit.
Muga, s., point de séparation, limite.
Mugarri, s., borne indicative de la séparation d'héritages, en pierre ou en bois, dans les campagnes.
Mugarrista, *mugarrista-tu*, v., tracer une ligne séparative par la plantation de pierres, bornes, limites.
Muka, s., mèche brûlée de la chandelle.

Muka, *muka-tu*, v., moucher une chandelle.

Muketa, s., mouchette.

Muku, *mukus*, s., substance dont la tête se purge par les narines.

Mukurru, adj., mesure plus que comble, avec exhaussement sur le niveau des bords du contenant.

Mukurruka, adv., en faisant une mesure par *mukurru*, c'est-à-dire en y mettant du grain ou autres marchandises tant que la mesure de capacité peut tenir dedans et dehors.

Mula, s., mule, femelle du mulet.

Mulatra, s., mulâtre.

Mulcho, s., petit groupe.

Mulzo, adj., grand groupe, assemblage de certains objets.

Mulzoka, adv., par groupe; *mulzoka yuan dire*, ils sont allés par groupe.

Mulzoka, *mulzoka-tu*, v., diviser par groupe.

Mundano, s., mondain.

Munho, s., mamelon de montagne.

Munhux, s., motte de terre dans de mauvaises prairies, qui est ordinairement l'œuvre des fourmis qui s'y logent.

Munnho, adj., état du pied ou de la main qui n'a pas l'action libre et saine de toutes ses parties, et qui est infirme par ce fait.

Murduka, *murduka-tu*, v., mettre en désordre du linge ou des étoffes, en les dérangeant de leurs plis, etc.

Murritz, adj., court, synonyme de *labur*.

Murritz, *murritz-tu*, v., raccourcir, raccourci.

Murru, s., mur.

Murruchori, s., moineau.

Murruka, s., rocher.

Murulu, s., moyeu; *orga murulu*, moyeu de roue.

Musket, s., mousquet.

Musketila, s., espèce de raisin cultivé dans des jardins.

Mustra, s., apparence déployée; *aurthen mahaxak mustra ederra-du*, cette année le raisin a belle apparence.

Mustra, s., échantillon de marchandises.

Mustuka, s., poignée de vieux linges avec laquelle les domestiques frottent les meubles ou nettoient la vaisselle.

Mustuka, *mustuka-tu*, v., frotter des meubles avec *mustuka*.

Musu, s., face de la tête d'un quadrupède.

Musu, s., baiser, synonyme du substantif *pot*.

Musuri, s., œuvre des animaux porcins qui ont tourné la terre avec leurs groins.

Musurka, *musurka-tu*, v., action des animaux porcins qui tournent la terre avec leurs groins.

Mutchurdin, s., terme de mépris, vieille fille non mariée, célibataire.

Mutkiko, s., garçon, enfant mâle; en Soule on prononce *mithilko*.

Muthil, s., domestique mâle.

Muthil, s., garçon devenu jeune homme.

Muthur, s., partie antérieure de la tête d'un quadrupède, synonyme du mot *musu*.

Muthur, adj., qui boude.

Muthur, *muthur-tu*, v., devenir boudeur.

Mutino, adj., silencieux, taciturne.

Mutu, s., muet.

Mutu, adj., muet.

Mutu, *mutu-tu*, v., devenir muet.

N

Nabar, adj., de couleurs variées; *arropa nabarbat*, une robe de couleurs variées; *bi behi nabar*, deux vaches de couleurs variées.

Nabar, s., coutre, instrument qui fait partie de la charrue.

Nabari, *nabari-tu*, v., reconnaître la présence plus ou moins rapprochée de quelque personne ou de quelque chose, par la vue, par l'ouïe ou par le toucher.

Nabela, s., couteau.

Nagi, adj., paresseux, indolent.

Nagi, *nagi-tu*, v., devenir indolent, tomber dans l'indolence.

Nahar, s., ronce.

Nahas, adv., ensemble, synonyme du mot *elgarrekin*.

Nahas, *nahas-i*, v., mêler, se mêler, mêlé.

Nahasi, adj., tracassier, qui cherche à embrouiller les gens par des tracasseries.

Nahaskeria, s., brouille, tracasserie.

Nahasteka, *nahasteka-tu*, v., mêler, mélanger, mêlé, mélangé.

Nahasteka, adv., en mélange.

Nahi, s., volonté, désir.

Nahi, *nahitu*, v., vouloir, parvenir à une volonté, à désirer telle chose.

Nahigabe, s., contrariété.

Naiz, v., synonyme du mot *niz*, je suis; ce mot *naiz*, bien que compris par tous les Bas-Navarrais, n'est guère en usage chez ceux qui disent *niz*.

Nare, adj., position tranquille d'un liquide, état presque d'amortissement.

Nare, adj., état de tranquillité des yeux, par opposition à la vivacité de l'expression.

Nare, *nare-tu*, v., devenir *nare*, tranquille; *haurra zuaza oherat begiak*, *nare-tu-ak dituzu*, enfant allez vous coucher, vous avez les yeux amortis.

Narga, s., fantaisie manifeste, air dédaigneux.

Narga, *narga-tu*, v., mortifier quelqu'un par le dédain.

Nasai, adj., ample, terme de tailleur et de cordonnier.

Nasaiki, adj., amplement.

Nehorat, syncope de *nehonrat*, adv., nulle part.

Neka, s., mèche brûlée d'une chandelle.

Neka, *neka-tu*, v., se fatiguer, s'épuiser par un travail quelconque.

Nekazale, s., ouvrier qui vit de fatigue.

Neke, adj., difficile, fatigant.

Nekez, adv., difficilement, avec fatigue.

Nekhaitz, s., gros temps, mauvais temps.

Nekizerdi, s., travail fatigant.

Neskatcha, s., fillette.

Neskato, s., fille.

Neskato, s., servante,

domestique du sexe féminin.

Neskatzar, s., fille méprisable.

Net, adv., tout à fait, entièrement, au complet, sans que rien y manque.

Netchale, s., mulet, mule d'environ six mois.

Neurri, s., mesure, synonyme du mot *izari*.

Neurri, *neurri-tu*, v., mesurer, mesuré.

Ni, p., moi.

Nigar, s., pleurs.

Nihaur, p., moi-même.

Nihoiz, adv., en aucun temps.

Nihun, adv., nulle part.

Nini, s., prunelle.

Ninika, s., fruit nouvellement éclos de la fleur d'une plante, et qui n'a pu encore prendre de développements.

Ninzen, v., j'étais; on dit aussi *ninzan*.

Nitan, adv., en moi.

Niz, v., je suis. Ce mot se dit lorsque l'individu parle sans se faire connaître ou sans désigner la personne à laquelle il adresse la parole.

Nizan, p., moi qui suis, tel que je suis.

No, v., tiens, prends. Ce mot se dit uniquement lorsqu'on adresse la parole à une personne du genre féminin qu'on veut traiter familièrement.

Noble, adj., noble.

Noha, v., je vais. Ce mot est sans application à la personne à laquelle l'individu parlant adresse la parole.

Nohak, v., je vais. Ce mot fait entendre, par la consonne finale *k*, que l'individu parlant adresse la parole à une personne du genre masculin traitée familièrement.

Nohan, v., je vais. Ce mot signifie, par la consonne finale *n*, que l'individu parlant adresse la parole à une personne du genre féminin traitée familièrement.

Nohazu, v., je vais. Ce mot fait comprendre, par la syllabe *zu*, que l'individu parlant adresse la parole à une personne respectée.

Noiz, adv., quand?

Noizbait, adv., fois ou autre, à une époque

éloignée, à une époque d'avenir indéterminée, mais de présomption éloignée.

Noiz-edo-noiz, adv., fois ou autre.

Noizetik-noiz, adv., de temps à autre.

Noiztenka, adv., de temps à autre, synonyme de *noizetik-noiz*.

Nola, adv., comment?

Nola-nahi, adv., de quelque manière que ce soit.

Nolazbait, adv., de quelque manière, d'une manière ou d'une autre.

Nokhu, s., défaut matériel.

Nombait, adv., quelque part, ici ou là.

Non-edo-non, adv., ici ou là, quelque part, synonyme du mot *nombait*.

Nor, p., qui; *nor da hor?* qui est là?

Norapait, adv., quelque part; *yoanda norapait*, il s'en est allé quelque part.

Norbait, p., quelqu'un.

Nor-edo-nor, pronom personnel dans l'indéfinition la plus absolue.

Nota, s., note.

Notha, s., défaut, synonyme du mot *nokhu*.

Nuk, v., je suis. Ce mot est employé uniquement lorsque l'individu adresse la parole à la personne du genre masculin traitée familièrement.

Nun, adv., où; *nun hiz?* où es-tu?

Nunbait, adv., quelque part; *nunbait harria arida, aditzen dut hodei orroa handi bat*, il grêle quelque part, j'entends un grand bruit d'orage.

Nun-edo-nun, adv., dans un lieu ou dans un autre.

Nuzu, v., je suis. Ce mot est employé seulement lorsque l'individu qui parle adresse la parole à des personnes qu'il veut respecter.

Nnabar, adj., couleur bariolée.

Nnaphur, adj., état d'un animal disposé ou habitué à franchir les clôtures ou à s'introduire dans des enclos pour satisfaire sa gourmandise; *ahuntz nnaphur bat*, une chèvre disposée à......; *ardi nnaphur bat*, une brebis disposée à.......

Nnika, s., petite niche pour s'amuser ou se moquer de quelqu'un.
Nniminno, adj., petit ; *Izabelek badu haur nniminno bat, arras pollita*, Isabelle a une petite enfant très-jolie.

O

Obedi, *obedi-tu*, v., obéir, obéi.
Obedienzia, s., obéissance
Obliga, *obliga-tu*, v., contraindre par une force morale.
Obliga, *obliga-tu*, v., s'obliger volontairement à faire quelque chose.
Obligazione, s., devoir, obligation.
Obra, s., œuvre.
Obra, *obra-tu*, v., opérer, opéré.
Odei, s., nuage ; on dit *hodei* dans divers cantons.
Odol, s., sang.
Odolgi, s., sauce que l'on fait avec du sang de porc, d'oie, etc.
Odolsta, *odolsta-tu*, v., ensanglanter.
Odolzu, adj., sanguin.
Oferenda, s., offrande.
Oferenda, *oferenda-tu*, v., faire l'offrande.
Oferi, s., offre.
Oferi, *oferi-tu*, v., offrir, offert.
Ogale, s., nourriture préparée pour les porcs, composée de farine, son, herbes trempées dans l'eau.
Ogen, s., tort.
Ogi, s., pain.
Oha, *oha-tu*, v., parlant d'une personne malade, se coucher dans son lit sans espoir de s'en relever.
Oha, *oha-tu*, v., arranger divers corps dans des cases qui leur sont destinées.
Ohako, s., berceau.
Ohantze, s., grabat.
Ohart, *ohart-tu*, v., aviser, s'aviser, apercevoir, s'apercevoir, avisé, aperçu.
Ohe, s., lit.
Ohi, adj., *ex*, *nausi ohi-a*,

l'ex-maître; *ertor ohi-a*, l'ex-curé.

Ohi, adv., habituellement. Cet adverbe est synonyme du mot *ordenariozki*, et celui-ci est plus usité; *dembora char egiten ohi du harri-tik landan*, il fait mauvais temps habituellement après la grêle.

Ohil, *ohil-du*, v., chasser en intimidant, en faisant peur, chassé.

Ohoin, s., voleur.

Ohoingoa, s., vol.

Ohoinza, s., vol, synonyme d'*ohoingoa*.

Ohol, s., bardeau.

Oihatua, adj., fougueux, emporté par la violence.

Oiha, *oiha-tu*, v., devenir fougueux, s'effaroucher, parlant des quadrupèdes.

Oihal, s., toile, étoffe, tissu en laine, en chanvre, en lin.

Oihal, *oihal-du*, v., convertir des fils en toile, en étoffe.

Oihan, s., bois, forêt.

Oihan, *oihan-du*, v., devenir forêt par la croissance de jeunes arbres.

Oiheski, s., terrain froid, peu exposé au soleil.

Oiheski, adj., qualité d'un terrain abrité contre les ardeurs du soleil.

Oihu, s., appel par un cri fort, par la voix élevée.

Oin, s., pied, synonyme du mot *huin*.

Oinez, adv., à pied, synonyme du mot *huinez*.

Oinhazi, s., souffrance d'une partie du corps.

Oinka, adv., à pied, synonyme du mot *oinez*.

Ointhux, adj., pieds nus; *ointhux dabilza salbayak*, les sauvages marchent pieds nus.

Okasion, s., occasion. (Axular, page 220.)

Okhazta, *okkazta-tu*, v., dégoûter, se dégoûter fortement. Ce verbe, *okhazta*, *okhazta-tu*, renchérit sur les mots se dégoûter: jusqu'à un dégoût qui provoque le vomissement.

Okhaztagarri, adj., dégoûtant.

Okher, s., borgne.

Okher, adj., borgne.

Okher, *okher-tu*, v., devenir borgne, rendre borgne. Ce mot est employé en Soule comme correspondant du mot français s'écarter.

Okhilo, s., pivert.
Okhin, s., boulanger.
Okhinza, s., métier de boulanger.
Okhinsa, s., boulangère.
Okhitu, adj. Ce mot ne se dit que pour renchérir sur le poids de la vieillesse soit des personnes, soit des bêtes; *Yaun doni Yoane apostolia zahar okhiturik hilzen*, Saint Jean l'apôtre mourut dans un âge fort avancé; *zure zaldia zahar okhitia da*, votre monture est très-vieille.
Okopa, *okopa-tu*, v., occuper, s'occuper, occupé.
Ola, *ola-tu*, v., frapper fortement, avec violence.
Olandriko, s., correction violente par des coups.
Oldar, *oldar-tu*, v., attaquer avec violence. Ce verbe ne s'emploie ordinairement que pour les animaux volatiles, si ce n'est au figuré pour exprimer un mouvement violent d'attaque injuste par une personne déraisonnable.
Olde, adj., grande masse de...; *hur olde handian, Noë eta haren familia salbatu ziren-arkhan*, au déluge universel, Noë et sa famille se sauvèrent dans l'arche.
Olha, s., fausse avoine qui fait du tort au froment sur pied.
Olha, s., cabane de pasteur à la montagne, ou cabane de bûcheron ou de charbonnier dans les bois.
Olha, s., grand édifice où l'on fait fondre du minerai et où on le convertit en métal.
Olhaka, *olhaka-tu*, v., travailler à enlever du champ la fausse avoine.
Oliadura, s., extrême-onction.
Olio, s., huile.
Ollanda, s., poularde.
Ollar, s., coq.
Ollasko, s., poulet.
Ollo, s., poule.
Olo, s., avoine.
Omen, s., renommée. (Axular, page 448.)
Omen, conj. dubitative correspondant à la signification des mots français on dit que.

On, adj., bon; dans beaucoup de cantons du pays basque, surtout dans la Navarre française, on dit *hun* au lieu de *on*.

Onda, *onda-tu*, v., perdre des choses utiles, par inconduite, désordre, etc.

Ondazale, s., prodigue, désordonné pour la gestion d'un bien.

Ondiko, s., malédiction.

Ondo, s., souche; *haritz-ondo*, *sagar-ondo*, souche de chêne, souche de pommier.

Ondo, s., lieu près d'un autre lieu, ou d'un corps quelconque; *Bayonaren ondoan da Biarritze*, Biarritz est près de Bayonne; *haur horrek bethi amaren ondoan izan nahi du*, cet enfant veut être toujours près de sa mère.

Ondo, p. p., après; *meza ondo*, *baskal-ondo*, *eztei-ondo*, *hil-ondo*; *hil-ondoan ez dugu deusen beharrik mundu huntan*, après la mort, nous n'avons besoin de rien dans ce monde.

Ondoko, s., successeur, celui qui vient après pour remplaçant.

Ondorio, s., la suite d'une action, d'une affaire.

Ondotik, adv., en suivant; *Bernard phartitu-da, bere bi anayen ondotik*, Bernard est parti après ses deux frères, ou en suivant ses deux frères.

Onex, *onex-i*, v., agréer, trouver bien.

Onzione, s., onction.

Operari, s., marguillier.

Ophera, s., rassemblement d'ouvriers moissonneurs, réunis pour travailler à scier le froment d'un propriétaire ou d'un fermier.

Ophil, s., pain de petite dimension.

Ophil, s., ce mot s'emploie également précédé d'un autre substantif; *sukre ophil*, pain de sucre; *ezko-ophil*, pain de cire; *esne ophil*, pain dont la substance provient du lait.

Orachte, s., époque passée, mais encore peu éloignée, et qui est de la journée même.

Orachtean, adv., tantôt, parlant d'une époque

passée, mais encore assez rapprochée.

Orai, adv., à présent, actuellement.

Orai-ko, adverbe qui se décline, et ici il est décliné au cas locatif, *orai-ko*.

Orai-koan, adv., cette fois-ci.

Oraikotz, adv., pour à présent.

Orano, adv., encore.

Oranoko, s., temps qui s'est écoulé jusqu'à présent.

Orazione, s., prière.

Ordain, s., remplaçant.

Ordannaz, adv., à titre d'échange, réciproquement, par réciprocité, avec condition d'avoir en échange un objet semblable à la chose cédée.

Ordainzka, adv., en agissant par réciprocité.

Ordainzka, *ordainzka-tu*, v., payer de réciprocité, user de représailles.

Orde, adv., en remplacement, au lieu de.....

Ordea, conj., mais, cependant; on dit *ordian* en plusieurs cantons.

Ordean, adv., alors.

Ordena, s., ordre, commandement.

Ordena, *ordena-tu*, v., ordonner, commander.

Ordenak, s., ordres sacrés dont un ecclésiastique est revêtu.

Ordenanza, s., ordonnance.

Ordenario, s., ce qui se pratique usuellement.

Ordenarioski, adv., ordinairement.

Ordennu, s., testament.

Ordia, conj. oppositive, néanmoins, synonyme du mot *ordea*.

Ordox, adj., mâle des animaux porcins.

Ordu, adv., moment propice, synonyme du mot *tenore*.

Orduan, adv., à cette heure-là.

Ordudanik, adv., dès lors.

Ordukotz, adv., dès lors.

Oren, s., heure.

Orenerdi, s., demi-heure.

Orha, *orha-tu*, v., pétrir, pétri.

Orhe, s., pâte de farine, de froment, de seigle, de maïs, préparée pour la cuisson.

Orheta, s., travail dans un ménage, pour pétrir et faire cuire le pain de froment, de seigle, de maïs, pour la consommation d'une semaine ou de quelques jours.

Orhit, adj., état de l'individu qui se souvient de telle chose ou de tel fait.

Orhit, *orhit-tu*, v., se souvenir, se rappeler, souvenu, rappelé.

Orhoitzapen, s., souvenance.

Orhoitzarre, s., souvenir.

Ori, v., impér. du verbe *atchik* (tenir), ou de celui *har* (prendre), expliqué à la deuxième personne du singulier respectée, équivalent au mot français tenez. Ce mot *ori* (tenez) est en usage seulement lorsque la première personne, s'adressant à la deuxième, lui offre ou donne une chose de la main à la main, ou qu'elle la lui jette.

Oritz, s., lait, le premier qui sort du sein d'une femme après ses couches, et celui qui provient d'abord des pis des femelles des quadrupèdes après qu'elles ont mis bas.

Orizu, v., imp. du verbe prendre (*atchik*), ou de celui *har*, synonyme du mot précédent *ori*; *orizu* se dit quand on s'adresse à une seule personne que l'on veut respecter.

Orizie, v., imp. du verbe prendre, lorsqu'on s'adresse à la deuxième personne du pluriel respectée ou non: tenez.

Orkhatz, s., chevreuil.

Oro, adv., tout.

Orobat, adv., de même, tout de même.

Oroldio, s., mousse.

Orox, s., mâle parmi les veaux.

Orratz, s., aiguille.

Orraze, s., peigne.

Orrazta, *orrazta-tu*, v., peigner, passer au peigne.

Orre, s., genièvre.

Orroa, s., bruit que font les bêtes à cornes par leurs mugissements, et les ânes quand ils braient.

Orroa, s., grand bruit que font entendre la mer, l'eau en tombant d'une digue, le tonnerre, le feu dans les incendies, etc.

Ortolan, s., ortolan.

Orz, s., nuage, mot vieilli qui a pour correspondant *nuage*, bien conservé pour certains usages.

Orz-adar, s., arc-en-ciel, et par la traduction littérale : branche de nuage.

Orzaizkiara, adv., regardant vers un point du ciel, et apercevant quelque chose du clair de la lune ou des étoiles; *barda ilhunzen*, *bizkitartean hamar orenetan ikussi eta ezagutu zintudan orzaiskiara ene borthan igaraiten*, hier au soir il faisait noir, cependant je vous vis et reconnus, au clair des étoiles, passer devant ma porte.

Orzanz, s., tonnerre, syncope de *orz*, *azanz*, signifiant bruit de nuage (tonnerre).

Orzgorri, s., nuage qui paraît en couleur rouge.

Osa, *osa-tu*, v., réunir deux pièces par la couture, coudre, terme de couture.

Osa, *osa-tu*, v., châtrer (dialecte souletin).

Osagarri, s., santé.

Oseba, s., oncle.

Osin, s., eau profonde, dont le cours est ralenti par une cavité de son lit dans certains endroits.

Oski, s., soulier.

Oso, s., entier; *oso-a hobe da erdia beno*, l'entier vaut mieux que la moitié.

Oso, adj., entier; *lehenago urthe oso-a eztzen sobera hementik Chinara helzeko*, autrefois une année entière n'était pas de trop pour arriver d'ici en Chine.

Oso, adj., qui a de la santé; *oso zireztea familian?* êtes-vous en santé dans votre famille? *oso bagina sobera uros ginateke bainan ene ama gaichoa eria da urthe huntan*, si nous avions de la santé, nous serions trop heureux, mais ma pauvre mère est malade depuis un an.

Osoki, adv., entièrement, en entier, sans morcellement.

Ospa, s., renommée, vanterie.

Ospaz, adv., par vanterie.

Ospital, s., hospice, hôpital.

Osta, *osta-tu*, v., se garnir de feuilles; *osta-tu-a da yadanik zure arhantzea*, déjà votre prunier est garni de feuilles.

Ostaler, s., aubergiste, cabaretier.

Ostata, *ostata-tu*, v., loger, se loger, héberger.

Ostatu, s., hôtel, auberge, cabaret.

Ostatukari, s., individu qui fréquente habituellement les cabarets.

Oste, adj., grande quantité.

Ostia, s., ostie.

Ostika, *ostika-tu*, v., fouler sous les pieds, au figuré vilipender.

Ostiko, s., coup de pied.

Ostikoka, adv., à coup de pied.

Osto, s., feuille.

Othar, s., terrain en pâture d'ajonc.

Othe, s., ajonc, plantes à épines présentant de jolies fleurs jaunes en hiver.

Othe, conj. dubitative équivalent à un mot exprimant l'incertitude d'un événement passé ou futur, par exemple : *morde Lormand hil othe da?* croyez-vous que M. Lormand soit mort?

Othian, conj., donc; *othian pagatuko nuzu*, donc vous me payerez.

Othoronza, s., repas, synonyme du mot *apairu*.

Oxalla, s., mois de février.

Oxatz, s., chiendent, herbe qui fait bien du tort dans les champs ensemencés en froment.

Oxez, conj., annonçant un bruit qui court et qui apprend une nouvelle dont on ne garantit pas l'exactitude.

Oxo, s., loup, louve.

Oxo, s., loupe, tumeur, enkiste sous la peau.

Oxophutz, s., vesse de

loup, faux champignon qui vient dans des prairies sèches et dans des pâtures, et qui s'en va en poussière noire quand il est devenu sec.

Oyes, adj., qui a des manières brutales et stupides tout à la fois ; *gizon oyes bat*, *emazte oyes bat.* Cet adjectif ne s'emploie que pour les personnes.

Oyharzun, s., écho.

Ozen, adj., sonore, qualité du métal dont le son a de la finesse et de la force.

Ozi, s., première pointe qui sort d'un grain qui germe.

Ozi, *ozi-tu*, v., germer.

Ozkarra, *ozkarra-tu*, v., faire sur un arbre, sur un bâton, des entailles avec une certaine régularité.

Ozke, s., entaille sur un morceau de bois, de toile, sur un arbre ou un corps quelconque.

Ozkerren, s., herbe des prairies qui produit des épines.

Ozkornoki, s., croupion.

Ozpin, s., vinaigre.

P

Paira, *paira-tu*, v., souffrir.

Paira, *paira-tu*, v., patienter.

Palazio, s., palais.

Pantetch, s., chambranle.

Papo, s., gabier.

Papo, s., face de la poitrine.

Par, s., position d'une personne ou d'une chose à la même hauteur matérielle ou morale d'une autre.

Parada, s., commodité, occasion.

Pare, s., pair, qui va de pair avec un autre individu comparé.

Pare, adj., ce qui est en double ; *mihise pare*, paire de draps ; *idi pare bat*, une paire de bœufs.

Paria, *paria-tu*, v., parier, parié.
Pario, s., pari.
Parrasta, adj., quantité assez considérable comparativement à la totalité.
Parrezpar, adv., en position égale.
Parropia, s., paroisse.
Parropiant, s., l'individu avec lequel on est en rapport de vente, ou d'achat, ou de travail.
Parzuer, s., associé, partenaire.
Parzuergoa, s., association.
Parzuergoan, s., en association.
Pasa, *pasa-tu*, v., passer, passé, synonyme du verbe *igaran*.
Passaye, s., passage.
Passayer, s., passager.
Passea, *passea-tu*, v., se promener, promené.
Paso, s., terme du jeu de paume, coup de balle qui a passé la limite établie pour le jeu.
Patar, s., sol en pente.
Patar, adj.; *mendi patar*, montagne en pente.
Pati, *pati-tu*, v., pâtir, subir.
Pauma, s., paon, oiseau magnifique.
Pe, s., dessous.
Pe, p. p., sous.
Pean, adv., au-dessous.
Pedatcha, *pedatcha-tu*, v., rapiécer.
Pedatchu, s., morceau de pièce avec lequel on rapièce.
Pedoi, s., haut volant, hache allongée, synonyme du mot *aihotz*.
Pegar, s., cruche.
Pegartei, s., évier.
Pegeseria, s., bagatelle.
Pegorreria, s., misère.
Pek, adj., imbécile, niais.
Peka, *peka-tu*, v., céder par une faiblesse à une tentation; *Eva peka-tu zen frutu defendiatutik yastatzeraeta oferitzera Adami et gero Adam gaizoa peka-tu zenyatera gure maluretan*. Eve céda à la tentation du fruit défendu et de l'offrir à Adam, et après pauvre Adam lui céda, et il en mangea pour notre malheur.
Pekada, s., bécasse.
Pekazina, s., bécassin.
Pela, *pela-tu*, v., se mouiller entièrement.

Pela, *pela-tu*, v., peler, pelé.
Pelegrin, s., pélerin.
Perfeit, adj., parfait.
Perfeitki, adv., parfaitement.
Perfosta, adv., conséquemment, sans doute.
Peri, *peri-tu*, v., périr, péri.
Peril, s., péril, synonyme des mots *langer*, *hirrisku*.
Perkachant, adj., qui a de l'activité et de l'adresse.
Perkal, s., percale.
Permeti, *permeti-tu*, v., permettre, permis.
Perret, s., verrat.
Perroket, s., perroquet.
Persona, s., personne.
Pertol, s., petit filet présentant la forme d'un pain de sucre lorsqu'il est tendu.
Pikalaport, s., piegrièche, oiseau à grosse tête.
Pikant, adj., inquiet, disposé à se fâcher à la moindre occasion.
Pikant, adj., qui pique; *salsa pikant*, sauce fortement épicée.
Pikarda, adj., bigarré.
Pikarrai, adj., tout nu, dénudé, sans la moindre chose qui couvre la nudité complète.
Pikero, s., terme de mépris, équivalent au mot *asto* (âne).
Pikitta, adj., très-petite quantité, pincée, etc.
Pikor, s., petit corps dur. Ce substantif est habituellement précédé d'un autre substantif; *gasna pikor*, petit morceau de fromage dur; *harri pikor*, grêlon, petit morceau de pierre; *ahuntz pikor*, crotte de chèvre.
Pikorrik, adv., terme de négation, signifiant pas la moindre chose.
Pilare, s., pilier.
Pilla, *pilla-tu*, v., piller, pillé.
Pillika, s., une petite quantité.
Pilon, s., pilon.
Pilota, s., balle à jeu de paume.
Pilotari, s., joueur de paume.
Pilotis, s., pilotis.
Piment, adj., qui a la prétention de se faire remarquer par sa tenue.
Pimpirina, s., fruit qui vient d'éclore d'une fleur et qui ne fait qu'annoncer sa vie.

Pinta, *pinta-tu*, v., peindre, peint.

Pinta, s., pinte, mesure de capacité, notamment de vin, équivalent à un litre.

Pinta, *pinta-tu*, v., pinter, boire dans les cabarets, sans mesure.

Pintre, s., peintre.

Pinttolakulo, s., jeu d'enfants aux épingles.

Pipita, s., pépin.

Pirkoil, *pirkoil-du*, v., revenir d'un état de faiblesse à un peu de force, terme d'infirmerie.

Piru, s., le petit d'une dinde, ou d'une oie, ou d'un canard.

Pitar, s., breuvage fait avec de l'eau et du jus de pommes.

Pitchika, s., très-petite quantité, moins que *pikitta*.

Pleitu, s., procès.

Pochi, s., morceau.

Podore, s., pouvoir, puissance, synonyme de *bothere*.

Podra, s., pouliche.

Pokal, s., endroit offrant un passage convenable, ou un point propice à y attirer du monde, soit pour y passer, soit pour s'y reposer.

Porro, s., grosseur vers le milieu d'une futaille, d'une bouteille, ou de tout autre contenant.

Portu. s., port.

Posible, adj., possible.

Pot, s., baiser.

Potro, s., poulain.

Potroska, s., ordure.

Potroska, adj., terme de mépris adréssé à un individu.

Pratika, s., client, celui ou celle qui donne sa pratique pour ses besoins, soit à des avocats, avoués ou notaires, soit à des marchands de divers articles.

Pratika, *pratika-tu*, v., pratiquer, pratiqué.

Prebenda, s., prébende, mot vieilli, signifiant une redevance annuelle pour rétribution de messes.

Predika, *predika-tu*, v., prècher, prèché.

Prediku, s., sermon.

Prefera, *prefera-tu*, v., préférer, préféré.

Preferenzia, s., préférence.

Prefet, s., préfet.
Prefosta, conj., de sorte que, sans doute, conséquemment, synonyme du mot *perfosta*.
Premia, s., nécessité d'à-propos, opportunité.
Prepara, *prepara-tu*, v., préparer, se préparer.
Prepario, s., préparatif.
Presa, s., empressement.
Presa, *presà-tu*, v., s'empresser, empressé.
Presaka, adv., avec précipitation.
Presatuki, adv., avec empressement, hâtivement.
Present, s., cadeau.
Presenta, *presenta-tu*, v., se présenter, présenté.
President, s., président.
Presidentgoa, s., présidence.
Preso, adj., prisonnier.
Preso-har, *preso-har-tu*, v., emprisonner, arrêter, emprisonné, arrêté.
Presompzione, s., présomption.
Prest, adj., prêt, préparé.
Presta, *presta-tu*, v., préparer, se préparer, préparé.
Prestu, adj., laborieux, vaillant.
Prestu, adj., possédant la probité, ayant de la bonne conduite, possédant l'estime publique.
Prestu, s., prêt d'argent ou autre chose.
Presuna, s., personne, synonyme du mot *persona*.
Pretendi, *pretendi-tu*, v., prétendre, prétendu.
Prezia, *prezia-tu*, v., marchander, marchandé, savoir à quel prix on peut acheter une marchandise.
Prezio, s., prix.
Preziski, adv., précisément.
Pribatu, s., commodité, lieu commun.
Prima, s., héritière (dialecte souletin).
Primadera, s., printemps.
Primu, s., héritier.
Primu, *primu-tu*, v., instituer quelqu'un pour héritier, devenir héritier.
Prisa, s., empressement.
Prisa, *prisa-tu*, v., s'empresser, empressé.
Prisa, s., prise de tabac.
Prodiga, *prodiga-tu*, v., prodiguer.
Prodigo, adj., prodigue.
Promes, s., promesse.
Prometa, s., promesse,

espérance que les nouveaux fruits et les animaux femelles font concevoir pour l'avenir.

Prometa, prometa-tu, v., s'engager par parole ou par acte à faire quelque chose, synonyme du verbe *hitz-eman*.

Prona, prona-tu, v., prôner, publier, prôné, publié.

Prootcha, prootcha-tu, v., profiter, profité.

Prootchu, s., profit.

Propi, adj., beau, synonyme du mot *eder*.

Propi, propi-tu, v., s'embellir, embellir, embelli

Propi, adj., propre à; *propi duk ergi hori hiriaren paretzeko, erosak idi pare bat ederra ukhanen duk laburzki*, ce bouvillon est propre pour aller de pair avec le tien, achète-le, tu auras sous peu une belle paire de bœufs.

Protesta, protesta-tu, v., protester, protesté, terme de commerce.

Prozes, s., procès, synonyme de *hauzi* et de *pleitu*.

Prozeskari, s., processif.

Prozeskari, adj., qui aime les procès.

Prozesione, s., procession

Prunt, adj., éveillé, attentionné.

Pruntarzun, s., mot qui signifie l'opposé de nonchalance.

Pruntki, adv., sans nonchalance, sans retard.

Puchant, adj., puissant.

Puchka, s., petit morceau.

Puchka, puchka-tu, v., réduire un corps en petits morceaux.

Pulusta, s., une certaine quantité de......

Pur, adj., net, sans mélange ni alliage.

Purga, s., médecine.

Purga, purga-tu, v., se purger, purger, purgé.

Purki, adv., nettement, sans condition.

Purra, s., appel aux animaux volatiles, par une ménagère, pour leur donner à manger.

Puska, s., morceau de....

Puska, puska-tu, v., morceler.

Puta, s., putain.

Putaner, s., putassier.

Putar, s., ruade de bêtes chevalines ou asines.

Putarka, s., action de

bêtes qui ruent.
Phagatch, s., faîne, fruit du hêtre.
Phago, s., hêtre.
Phala, s., pelle, instrument aratoire ou de jardinage.
Phala, s., pelle à feu.
Phala, s., entrave de bois que l'on met au cou, aux animaux domestiques, pour les empêcher de s'introduire dans les champs ou pièces closes.
Phala, *phala-tu*, v., mettre cette entrave aux animaux.
Phalacha, *phalacha-tu*, v., tailler et réduire une haie en bonne clôture.
Phalachu, s., haie vive.
Phalachuka, *phalachukatu*, v., arranger les haies vives, ou travail exigé pour en former des clôtures.
Phaldo, s., terme de charron, pièce de bois servant à former le rond extérieur de la roue.
Phalza, s., sang coagulé.
Phancheta, s., farci fait avec des boyaux d'agneaux bien nettoyés.
Phanz, s., bedaine, gros ventre.
Phanzoil, s., estomac des animaux.
Phara, *phara-tu*, v., se placer ou bien placer quelqu'un en position de recevoir des manifestations de respect; *pharatzen-du Espannako erreginnak eskia eta han errezebitzen ditu populuaren potak besta handietan*, la reine d'Espagne présente sa main, et y reçoit les baisers du peuple lors des grandes fêtes.
Pharabizu, s., paradis.
Pharte, s., portion.
Pharti, *pharti-tu*, v., partir, parti.
Phartitze, s., départ.
Phasta, s., pâte.
Phasu, s., passage à travers une haie, un mur, une clôture quelconque. *Phasu* ne se dit que pour les passages momentanés, de circonstance, préparés pour un besoin pressant, ou bien laissés praticables par la négligence du possesseur qui ne soigne pas bien ses clôtures.

Phausa, *phausa-tu*, v., se reposer, reposé.

Phausa, *phausa-tu*, v., poser, placer un objet sur un corps en repos, posé, placé.

Phausu, s., repos.

Phausu, s., marche d'un escalier, d'une échelle.

Phechkera, s., espace clos, en forme de triangle, fermé de deux côtés par des clôtures improvisées, ayant un côté fort large pour embouchure, et du côté opposé un passage étroit où l'on place un filet pour y prendre des truites, des goujons, des vérons, etc.

Pheldo, s., herbe qui croît aux terrains gras, ayant une couleur verte blanchâtre et une odeur assez agréable.

Phenna, s., rocher.

Phena, s., peine.

Phena, *phena-tu*, v., peiner, se fatiguer, peiné, fatigué.

Phendaitz, s., rocher présentant une pointe avancée.

Phensa, *phensa-tu*, v., deviner, deviné.

Phensa, *phensa-tu*, v., penser à quelque chose, pensé.

Phensaketa, adv., en réflexion.

Phensamendu, s., réflexion.

Phenze, s., prairie.

Phederika, *phederika-tu*, p., prêcher, prêché.

Phederikari, s., prédicateur.

Phederikatey, s., chaire d'où l'on prêche.

Phereka, s., morceau de chaîne ou de hart, attachant au timon d'un traîneau le bout de l'un de chacun des deux côtés du traîneau, sans le laisser pencher d'un côté ou de l'autre.

Phereka, *phereka-tu*, v., frotter avec douceur, enduire légèrement avec un corps doux.

Phereka, *phereka-tu*, v., frotter.

Pherestu, adj., ayant de la probité; *zure anaya gizon pherestu bat da*, votre frère est un honnête homme.

Pheretcha, *pheretcha-tu*, v., apprécier. Ce verbe *pheretcha* ne s'emploie que pour les appréciations bienveillantes.

Pherrechil, s., persil.

Pheskiza , s. , abandon par la mise d'un objet à la disposition de quelqu'un, pour le reprendre ou pour en demander compte plus tard ; *ez da utzi hehar sekulan haurren pheskizan surik ez harmarik*, il ne faut jamais laisser à la disposition des enfants ni feu ni armes.

Phexa, s., dépit violent.

Pheya, s., entrave matérielle empêchant le mouvement d'un corps, ou au moins le modifiant d'une manière notable. Ce mot *pheya* est employé habituellement pour les chaînes en fer qu'on met aux pieds des animaux, notamment des chevaux, pour les empêcher de courir.

Pheya, *pheya-tu*, v., entraver, mettre des entraves.

Phezoin, s., clôture en fossé.

Phicha, s., urine.

Phichegin , *phichegin*, v., uriner.

Phichka , s. , mauvaise humeur momentanée.

Phika, s. , pie , oiseau malfaisant.

Phika, *phika-tu*, v., couper un corps quelconque avec une arme tranchante.

Phika , *phika-tu*, v., terme de danse, mouvement des pieds aux sauts basques.

Phika , *phika-tu* , v., se piquer, s'offenser.

Phiko, s., figue.

Phiko , s. , marteau à pointe dont les meuniers font usage pour piquer leurs meules.

Phiko , s. , propos piquant.

Phikota, s., petite vérole, synonyme de *zurruminno*.

Phikota-seinhale, s., trace de la petite vérole sur la figure.

Phikotch, s., pic, bêche forte.

Phikotze, s., figuier.

Philda, s. , effet faisant partie du vestiaire de la personne. Ce mot n'est employé habituellement que pour des hardes usées dont les pauvres se couvrent.

Philda , s. , bat d'âne ,

formé de mauvaises étoffes usées, à l'usage des montagnards pauvres.

Philda, *philda-tu*, v., bâter l'âne.

Phildamu, s., vestiaire pauvre et usé dont les malheureux se couvrent.

Philzar, s., drille, linge usé, propre seulement pour les papeteries et les charpies.

Philzarkari, s., celui qui achète du vieux linge ou des drilles.

Phindar, s., étincelle de feu.

Phindar, *phindar-tu*, v., s'offenser, se piquer.

Phintz, s., cloche qu'une brûlure, un liquide bouillant, ou bien un frottement violent fait sortir de la peau.

Phintz, *phintz-tu*, v., action d'une brûlure, de l'eau bouillante ou du frottement faisant sortir de la peau une cloche.

Phinxeta, s., pincette.

Phirphir, adv., en mouvement de tomber petit à petit, chute de grain ou autres petits corps qui s'échappent peu à peu des sacs ou autres contenants, qui se vident ainsi.

Phiru, s., morceau de fil, de lin, de coton, de métal, etc.

Phitchastre, s., vessie.

Phitcher, s., vase portatif à anse.

Phitz, *phitz-tu*, v., ressusciter, ressuscité; *Yesus phitz-tu zen hiletarik hirur garren egunian*, Jésus ressuscita d'entre les morts le troisième jour.

Phitz, *phitz-tu*, v., allumer; *phitzazu gandera hori*, allumez cette chandelle.

Phitz, *phitz-tu*, v., s'animer, animé.

Phitz, *phitz-tu*, v., aigrir, aigri; *zure arno huna phitz-tu da*, votre bon vin a aigri.

Phiza, *phiza-tu*, v., peser, pesé.

Phizu, s., poids.

Phizu, s., instrument pour peser, romaine.

Phizu, *phizu-tu*, v., devenir lourd.

Phoroga, *phoroga-tu*, v., prouver, prouvé, synonyme du verbe *froga*.

Phorogu, s., épreuve.
Phorroska, s., petit morceau tendant à devenir poussière.
Phorroska, *phorroska-tu*, v., maltraiter, déchirer violemment.
Phorru, s., porreau.
Phosta, s., poste.
Phosta, *phosta-tu*, v., se poster, occuper une place propice, terme de chasseur.
Phosta, s., bureau de poste.
Phosta, s., petit plomb, plus que *draya*, terme de chasse.
Phostura, s., posture.
Phoza, s., partie supérieure d'un tablier couvrant le sein.
Phuchula, *phuchula-tu*, v., entraver, entravé.
Phuchulu, s., entrave.
Phula, *phula-tu*, v., entasser, réunir divers corps épars et les mettre ensemble.
Phulo, s., tas, meule.
Phulumpa, *phulumpa-tu*, v., se vautrer dans la fange.
Phumpa, *phumpa-tu*, v., bondir, terme de jeu de paume.
Phumpe, s., le saut d'une balle qui bondit sur une place de jeu de paume.
Phundu, s., point fixant un moment ou époque déterminé.
Phundu, s., point de couture.
Phunduka, *phunduka-tu*, v., faire des reprises avec l'aiguille.
Phunzela, adj., pucelle.
Phurdumpa, *phurdumpa-tu*, v., remuer un corps liquide, élastique.
Phurtzika, s., un individu méprisable.
Phurtzika, adj., qui est en désordre, excitant le dégoût.
Phurtzika, *phurtzika-tu*, v., maltraiter ou mépriser le sexe par des attouchements lascifs, mettre en désordre des effets de vestiaire.
Phussa, *phussa-tu*, v., pousser.
Phutz, s., vesse.
Phutzu, s., mare, amas d'eau stagnante.

Q

(Cette lettre de l'alphabet latin n'est point nécessaire dans la langue basque, attendu que son articulation y est produite avec la même valeur par la consonne *K*.)

R

(Cette lettre *R* n'est en usage, au commencement des mots basques, que pour les noms propres, tels que Rome, Rambouillet, Raimond, etc., et encore dans le langage familier, les Basques diront : *Erroma-ko*, et non *Roma-ko; Erramonen*, et non *Ramonen*, de Rome, de *Ramon*. Il est à croire que la suppression de la consonne *R* comme initiale des mots a pour cause certaines difficultés que son articulation semble offrir d'abord.)

S

Sabai, s., fenil, grenier à foin.
Sabato, s., assemblée prétendue des sorciers.
Sabel, s., ventre.
Sabeltra, s., ventrée.
Sabelzorro, s., bedaine.
Sagar, s., pomme.
Sagardoi, s., pommeraie.
Sagarroi, s., hérisson.
Sagu, s., souris.
Saguka, s., sureau, arbre.

Sagutei, s., souricière.
Sahex, s., côté d'un corps quelconque dont il fait partie.
Sahexian, adv., à côté.
Sahex, s., côté en dehors du corps; *ama horrek ez du sekula utzten bera alaba urrumtzera bere sahexetik*, cette mère ne laisse jamais s'éloigner de son côté sa fille.
Sahex-hezur, s., côte, terme d'anatomie.
Sahex-ka, adv., mettre en mouvement sur un côté.
Sai, s., vautour.
Saihan, *saihan-du*, v., prendre avantage d'une faiblesse ou d'une concession, et en abuser.
Saihera, s., groupe de personnes ou d'animaux vivants, synonyme du mot *mulzo*, avec cette circonstance que *saihera* se dit pour des êtres qui se suivent, et *mulzo* pour ceux qui sont réunis; *egun ikussi dut lexon saihera bat*, j'ai vu aujourd'hui une certaine quantité de grues; *bu-hami mulzo bat bazoan egun goizian Bayonako alderat*, ce matin un groupe de bohémiens allait vers Bayonne.
Sail, s., terme de laboureur, étendue de terre fixée, donnée ou prise à tâche, pour qu'on y exécute les travaux qu'on doit y faire sans désemparer.
Saka, s., gros sac.
Saka, *saka-tu*, v., mettre les laines, les drilles, etc., dans les sacs, les emballer.
Saka, *saka-tu*, v., terme de jeu de paume, lancer la balle d'une extrémité de la place, pour que les adversaires la frappent de l'autre côté.
Sakela, s., poche.
Sakho, s., blessure grave.
Sakra, *sakra-tu*, v., sacrer.
Sakratu, s., ce qui est sacré.
Sakramendu, s., sacrement.
Sakre, s., juron.
Sakrifizio, s., sacrifice.

Sakrista, s., sacristie.
Sakristano, s., sacristain.
Sal, *sal-du*, v., vendre, vendu.
Sala, s., salle.
Salba, *salba-tu*, v., sauver, se sauver, sauvé.
Salbazale, s., sauveur.
Salda, s., bouillon, potage.
Saldo, s., groupe, synonyme de *mulzo*.
Salerosi, s., commerce.
Salha, *salha-tu*, v., dénoncer.
Salhario, s., salaire.
Salhatari, s., dénonciateur.
Salhatari, adj., dénonciateur.
Salhazale, s., dénonciateur, synonyme de *salhatari*.
Salsa, s., sauce.
Salsa, *salsa-tu*, v., mettre en sauce, au figuré travailler à faire un mélange d'intérêts et à compliquer une affaire.
Salzapen, s., vente.
Salze, s., vente, synonyme de *salzapen*.
Samalda, adj., grande quantité.
Samax, s., basse-cour, synonyme de *barrio*, *korrale*, servant à y faire des engrais.
Samur, adj., fâché.
Samur, *samur-tu*, v., se fâcher, s'être fâché.
Sangera, *sangera-tu*, v., saigner, saigné.
Sangre, s., saignée.
Sangrebanda, s., bande en linge pour la saignée.
Santifika, *santifika-tu*, v., sanctifier, sanctifié.
Sar, *sar-tu*, v., entrer, entré.
Sar, *sar-tu*, v., introduire, s'introduire, introduit.
Sarde, s., fourche.
Sare, s., filet.
Sarga, s., branche d'arbres propre à former des haies mortes.
Sargia, s., ouverture à travers un mur, une clôture quelconque, passage.
Sari, s., prix, récompense, indemnité.
Sarista, *sarista-tu*, v., récompenser, récompensé, payé.
Sarkura, s., introduction, entrée.
Sarraski, s., carnage.

Sarri, adv., tantôt, pour un moment à venir, peu éloigné. L'adverbe français tantôt se traduit en basque par le mot *orachtean* pour le passé, et par le mot *sarri* pour l'avenir, mais peu éloigné.
Sasi, s., broussaille.
Saska, s., action, travail à l'impromptu, de peu de durée.
Saskadako, s., action à l'impromptu, synonyme du mot *saska*.
Saski, s., gros panier à deux anses. (Axular, page 23, ligne 14.)
Sasmadoi, s., broussaille.
Sasta, s., élancement qui fait souffrir d'un mal qui s'est déclaré.
Sastaka, adv., par élancement.
Sathor, s., taupe.
Sathor-oski, s., pile de terre portée par les taupes sur la surface du sol.
Sauka, s., sureau.
Sauka-lili, s., fleur de sureau.
Saxu, s., objet dégoûtant par sa malpropreté. Ce mot *saxu* est employé aussi pour les mauvaises herbes qui font du tort aux récoltes sur pied.
Saxu, adj., malpropre, synonyme de *zikhin*.
Saxu, *saxu-tu*, v., rendre malpropre, salir, sali.
Sega, s., scie.
Sega, *sega-tu*, v., scier, scié.
Segi, *segi-tu*, v., suivre, suivi.
Segida, s., suite.
Segida, s., conduite.
Segur, adj., sûr.
Segurta, *segurta-tu*, v., assurer, s'assurer, assuré.
Sehi, s., domestique. Ce mot s'applique aux domestiques mâles et femelles sans distinction.
Sei, s., adj. numéral, six.
Seinda, s., sainte.
Seinda, adj., sainte.
Seindi, *seindi-tu*, v., sentir, senti.
Seindimendu, s., sentiment.
Seindimenduzu, s., plein de sentiment.
Seindu, s., saint.
Seindu, adj., saint.

Seindu, ***seindu-tu***, v., devenir saint.
Seinhala, ***seinhala-tu***, v., signaler, signalé.
Seinhale, s., signe, marque particulière.
Sekara, ***sekara-tu***, v., se calmer, calmé.
Sekha, *sekha-tu*, v., maigrir, maigri.
Sekho, adj., sec, décharné.
Sekulan, adv., jamais.
Semaizun, s., fillâtre.
Seme, s., fils.
Semin, s., douleur d'une femme annonçant son accouchement immédiat.
Sendabail, adj., essentiel.
Sendo, adj., fort, sain, en bonne santé.
Senhar, s., mari.
Sentheria, s., surabondance de bonheur ou de force dont on se targue.
Sentheriaz, adv., par abus de bonheur ou de force. Ce mot ne s'emploie que pour action, par jactance, et non par mauvaise intention.
Serios, adj., sérieux.
Serioski, adv., sérieusement.
Set, s., renonciation déterminée par la conviction de l'impossibilité acquise après divers efforts tentés et par désespoir; *set eginik utzi zuten Noëren ondokoek Babeleko dorrearen egitia haimbertze gastu egin ondoan, erhokeriako obra hartan*, les successeurs de Noë renoncèrent à la construction de la tour de Babel, après avoir dépensé tant dans cette œuvre de folie; *set egiten ahal dugu, ez dugu haurrik ukhanen*, nous n'aurons pas d'enfants, nous pouvons y renoncer.
Setia, *setia-tu*, v., assiéger, assiégé.
Setio, s., siège, terme de guerre.
Setio, s., cercle en jonc ou en paille sur lequel on pose les chaudrons pour les préserver d'un choc contre un corps dur.
Siesta, s., sieste, sommeil du milieu du jour, mot emprunté du castillan.
Sinhex, *sinhex-i*, v., croire, cru.

Sinhexgogor, adj., incrédule.
Sinhexkor, adj., crédule.
Sista, s., coup d'une arme pointue.
Sista, sista-tu, v., donner des coups avec une arme pointue.
Sistaka, adv., en donnant des coups avec une arme pointue.
Sistema, s., système.
So, s., regard.
Soallu, s., plancher supérieur, tout plancher qui est au-dessus du rez-de-chaussée.
Sobera, adv., trop.
Sobera, sobera-tu, v., dépasser la suffisance, excéder la mesure.
Soberakin, s., restant, ce qui reste après avoir pourvu à une nécessité.
Soëgin, soëgin, v., regarder, regardé, littéralement faire regard. On dit habituellement *sogin* par syncope, au lieu de *soëgin*.
Soin, s., mise, vestiaire, tout ce qui couvre le corps.
Soin, s., partie supérieure du corps, depuis les reins jusqu'aux épaules inclusivement.
Soin, s., dos d'homme ou de femme, dans le sens de ses forces ou de ses facultés, pour porter une charge; *karga hori eramanen duzu soinean berhala*, vous porterez cette charge à dos à l'instant.
Soinka, adv., à dos d'homme; *Martinek bere ogiak soinka sarrazten ditu*, Martin fait entrer ses froments à dos d'homme.
Soka, s., câble, grosse corde.
Soka, adv., par des regards.
Sokharan, s., écorce verte de la noix.
Sokhorri, s., secours.
Sokhorri-tu, v., secourir, secouru.
Solamente, adv., seulement.
Solas, s., conversation.
Solas, s., amusement, divertissement.
Solasta, *solasta-tu*, v., converser.
Soldado, s., soldat.
Soldata, s., gage d'un domestique, gagné par an, par mois, etc.
Solea, solea-tu, v., soulager, soulagé.

Solio, s., solive.
Soma, s., somme.
Sonnu, s., son d'un instrument.
Sonnulari, s., sonneur, mot qui s'applique au tambourin, au ménétrier, à tous ceux qui font métier d'amuser le public en jouant des instruments.
Sopikou, s., terme de cuisine, soupe grosse et commune faite avec du pain gris, de seigle ou de maïs.
Sor, *sor-tu*, v., naître, né.
Sor, adj., sourd, synonyme de *elkhor*.
Sor, *sor-tu*, v., devenir sourd.
Sorbalda, s., épaule.
Sorberia, s., bruit ou nouvelle vague qui circule sans guère inspirer de confiance.
Sordetch, adj., pire.
Sorgia, s., source, lieu de naissance.
Sorho, s., regain.
Sortzapen, s., naissance.
Sortze, s., naissance, synonyme de *sortzapen*.
Sos, s., sou.
Soska, adv., sou par sou; *soska bilzen dire liberak*, les livres se ramassent sou par sou.
Sosega, *sosega-tu*, v., se reposer, se calmer, reposé, calmé.
Sosegu, s., repos, calme, tranquillité.
Sostenga, *sostenga-tu*, v., soutenir, secourir, soutenu, secouru.
Sostengu, s., soutien, secours.
Soto, s., chai, cave.
Su, s., feu.
Subazter, s., foyer, âtre.
Suburdina, s., chenet.
Suderia, s., maladie de bêtes se purgeant par les narines.
Sudur, s., nez.
Suerta, *suerta-tu*, v., trouver fortuitement quelqu'une ou quelque chose, se trouver ou se rencontrer fortuitement avec quelqu'un en quelque lieu.
Suerte, s., espèce; *zembat bekatu suerte dira*, combien de sortes de péchés y a-t-il? (*Catéchisme de Bayonne.*)
Sugibeleko, s., plaque de métal ou de fonte que l'on place derrière l'â-

tre de la cuisine ou d'autres pièces, telles que salon, etc.

Sugibeleko, s., gros morceau de bois que l'on place dans l'âtre contre le mur, auquel on joint des bûches pour y faire du feu.

Suhalamaka, adv., avec beaucoup de précipitation.

Suhar, adj., très-vif; *gizon suharra*, l'homme vif; *zamari suharra*, cheval très-vif. On n'emploie pas cet adjectif pour les êtres inanimés.

Suhi, s., gendre.

Sukhal, s., impôt que l'on payait avant 89 à proportion du nombre des foyers.

Sukhalde, s., cuisine.

Sukhar, s., fièvre.

Sumin, adj., qui est animé par une vive souffrance, morale ou matérielle.

Sumin, *sumin-du*, v., action du froid qui, par sa vivacité, fait souffrir jusqu'à occasionner l'engourdissement des extrémités des pieds et des mains.

Sumin, *sumin-du*, v., s'inquiéter vivement par une contrariété ou autrement.

Sumindura, s., souffrance provenant du frottement des orties, de la violence du froid aux pieds, aux mains, etc.

Sunxi, *sunxi-tu*, v., garnir un objet et le gâter par un corps étranger et mauvais; *ogi hori irakaz sunxitia da*, ce champ de froment est gâté par la multitude d'ivraie.

Sunxi, *sunxi-tu*, v., ravager, ravagé; *atzoko harriak sunxitu ditu gure bazter guziac*, la grêle d'hier a ravagé toutes nos campagnes.

Susara, adj., état de chaleur de la vache.

Suta, *suta-tu*, v., s'animer.

Sutei, s., âtre, foyer.

T

Tabako, s., tabac.
Tafalla, s., nappe.
Taferna, s., cabaret.
Taka, *taka*, adv., promptement.
Talika, s., souffrance vive, momentanée, qu'un malade subit à l'improviste.
Talo, s., galette formée avec de la farine de maïs. Tous nos pasteurs et nos montagnards vivent de *talo* et de laitage, et il y a peu d'habitants en France qui soient plus forts qu'eux.
Tambur, s., tambour.
Tanka, s., action d'un corps sur un autre corps dur.
Tanka, s., bruit qui se fait entendre, lorsqu'un corps dur frappe sur un autre corps dur.
Tanka, *tanka-tu*, v., frapper par un corps dur sur un autre corps dur faisant du bruit.
Tautai, s., piquet de vigne.
Tapa, *tapa-tu*, v., boucher, bouché.
Tapoin, s., ce qui sert à boucher un trou quelconque.
Tarrapata, s., marche rapide et bruyante.
Tarrapataka, adv., marchant avec précipitation et en faisant du bruit.
Tarro, adj., un peu grand, qualité qu'on donne à un corps animé ou inanimé qui a une certaine consistance.
Tarro, *tarro-tu*, v., devenir un peu grand, devenu un peu grand.
Tarta, s., tarte.
Taulen, s., carreau de jardin.
Tchit, adv., tout à fait, entièrement (dialecte souletin), synonyme du mot net.
Tchit, interj., pour attirer l'attention de quelqu'un, pour le faire écouter, pour le faire regarder.
Te, s., thé.

Tella, s., tuile.
Tellagin s., tuilier.
Tellecia, s., tuilerie.
Tempesta, s., tempête.
Tenore, s., époque précise, moment opportun.
Tepertu, s., crise, moment critique.
Thai, s., suspension d'une action. Ce mot n'est guère en usage que dans le sens négatif; *thai-ik gabe minzo da*, il parle sans cesse ; *thai- ik gabe egun euria aridu*, aujourd'hui il tombe de l'eau sans cesse.
Thaka, s., défaut.
Thamborin, s., tambourin.
Thanu, s., tan.
Tharroka, s., motte, petit morceau de terre durcie après qu'un champ a été labouré.
Thastarika, adv., en ébullition suivie, non interrompue.
Thatcha, s., tache, défaut naturel ou accidentel sur un corps.
Thatcha, *thatcha-tu*, v., gagner un défaut, terme de berger qui voit tomber son troupeau malade.
Theka, s., sentiment de résistance, opiniâtreté.
Thema, s., entêtement.
Thema, *thema-tu*, v., s'entêter, entêté.
Therestaka, adv., en traînant, au ras de terre.
Therestan, adv., en traînant, synonyme de *therestaka*.
Thesto, s., sens; *gizon thesto huna*, homme de bon sens.
Thini, s., sommité.
Thira, *thira-tu*, v., tirer, tiré.
Thira, *thira-tu*, v., au figuré se gêner.
Tholdo, adj., maladroit, ayant les membres engourdis.
Tholdo, *tholdo-tu*, v., engourdir, s'engourdir.
Thomba, s., tombeau.
Thona s., tache d'une couleur différente imprimée sur une étoffe.
Thona, *thona-tu*, v., tacher, taché.
Thornu, s., métier sur lequel ou avec lequel un tourneur travaille.
Thornu, s., tour, terme de laboureur, aller du bord d'un champ avec attelage traînant charrue, herse ou autre instrument, à l'autre bord, et en revenir au

point de départ, faire un tour avec attelage à un transport, aller et revenir.

Thornu, s., tour, terme de portefaix, tour à transporter.

Thornu, s., charge ; *belhar thornu bat*, une charge de foin; *egur thornu bat*, une charge de bois à brûler.

Thu, s., crachat, salive.

Tileta, s., point sur l'*i*, terme de lecture ou d'écriture.

Tilika, adj., une très-petite quantité; *esne tilika bat ichuri dut*, j'ai versé un peu de lait. Cette expression *tilika* n'est en usage que pour les liquides, et pour les autres corps on emploie le mot *pilika*.

Tinka, tinka-tu, v., presser fortement avec les bras, les mains ou des instruments, pressé.

Tinki, adj., en état de forte pression.

Tinki, adv., bien pressé.

Tinto, s., fortement coloré

Tipula, s., oignon.

Tipuri, s., pustule.

Tirenta, s., tiroir.

Tireso, adj., fort, bien posé, bien assis, solide.

Tiresoki, adv., avec solidité.

Tiro, s., coup, détonation de coup de fusil, de canon, de pistolet, et de toutes armes à feu généralement.

Tiroka, adv., à coup d'armes à feu.

Tirria, s., désir faible, presque envie.

Tirria, tirria-tu, v., acquérir presque un désir, ou un désir douteux.

Tirtil, adj., qui a une allure dégoûtante, peu soignée.

Titi, s., mot en usage parlant aux enfants, et signifiant *téton*, mamelle.

To, v. impératif du verbe *har* (prendre), appliqué à la 2me personne du singulier du sexe masculin traitée familièrement, correspondant au mot français tiens. Ce mot est en usage seulement lorsque la 1re personne, s'adressant à la 2me, lui offre ou lui donne une chose de la main à la main, ou qu'on la lui jette.

Tokilabilaso, s., trisaïeul.

Tonto, s., inepte, esprit lourd.

Tonto, adj., peu intelligent.

Tormenta, s., tourment, affliction.

Tormenta, *tormenta-tu*, v., affliger, s'affliger, tourmenter, se tourmenter, affligé, tourmenté.

Traba, s., entrave.

Traba, *traba-tu*, v., entraver, entravé.

Traballa, *traballa-tu*, v., travailler, travaillé.

Traballu, s., travail.

Trai, *trai-tu*, v., trahir, trahi.

Traïdore, s., traître.

Traka, s., mesure approximative que l'on compare habituellement à celle d'une autre; *ene trakako gizon bat ikhusi dut egun arras khechu, ezin yakin dut nor zen, norbaiten beha zagon, gisala zerbait egiteko handi badu*, aujourd'hui j'ai vu ici un homme de ma taille tout à fait inquiet, je n'ai pu savoir qui c'était, il attendait quelqu'un; suivant les apparences, il doit avoir quelque grande affaire.

Trasteria, s., guenilles, effets ramassés de peu de valeur.

Trankil, adj., doux, tranquille.

Trata, *trata-tu*, v., traiter, traité.

Tratamendu, s., traitement.

Tratant, s., commerçant.

Tratu, s., marché, vente, échange, tout acte de commerce.

Trebe, adj., qui a de la facilité à exécuter un travail, une action, qui est habitué, familiarisé à telle occupation.

Trebeki, adv., avec facilité.

Trebes, adv., en position opposée à la ligne perpendiculaire.

Trein, s., étalage de luxe.

Trempa, *trempa-tu*, v., se tremper d'eau de pluie; *egun merkatutik yitian trempatu gira*, aujourd'hui, en revenant du marché, nous nous sommes trempés.

Trempa, *trempa-tu*, v., tremper un objet solide

dans des liquides ; *bichkotcha arras on da Kossuendako arnoan trempaturik*, le biscuit trempé dans du vin de Kossuenda est fort bon.

Trempe, s., disposition d'une personne ou d'une chose bonne ou mauvaise, pour une chose ou une action.

Trempe, s., disposition d'à propos d'un corps, d'une chose, qui n'est ni trop chaud ni trop froid; *beroche da naski salda hori*, ce bouillon est trop chaud vraisemblablement; *ez trempe onean da*, non il est en bonne mesure.

Trempechar, *trempechar-tu*, v., tomber en défaillance.

Trenka, *trenka-tu*, v., couper un fil, une corde en la tirant de deux côtés. Ce verbe basque *trenka* ne se dit que de l'action de la rupture par la faiblesse du corps rompu, ou par la force des deux agents qui le font rompre en le tirant dans les deux sans opposés avec violence.

Trenkada, s., cloison.

Tresna, s., outil, instrument propre au travail.

Trika, *trika-tu*, v., suspendre un petit peu la marche.

Trikot, s., gilet ou veste en tricot.

Trikota, *trikota-tu*, v., tricoter, tricoté.

Trima, *trima-tu*, v., se fatiguer tant que les forces le permettent.

Trinitate, s., Trinité, Sainte Trinité, mot évidemment reçu avec les mystères de la Foi.

Trinite, s., fête de la Trinité.

Tripa, s., ventre.

Tripazorro, s., bedaine.

Tripot, s., boudin.

Trista, *trista-tu*, v., s'attrister, attristé.

Triste, adj., triste.

Tristezia, s., tristesse.

Trocha, *trocha-tu*, v., emmailloter, emmailloté.

Trocha-korda, s., lisière servant à attacher les langes sur le corps d'un enfant nouveau-né.

Trompa, *trompa-tu*, v., tromper, trompé.

Tromperia, s., tromperie.

Trompeta, s., trompette.

Trosta, s., trot.
Trosta , *trosta-tu* , v. , trotter, trotté.
Trostan, adv., au trot.
Trubla , *trubla-tu* , v. , troubler, se troubler, troublé.
Trufa, *trufa-tu*, v., moquer, se moquer, plaisanter avec malice , s'être moqué.
Trukada, s., échange.
Trumo, s., trumeau.
Trunchu, s., tronçon.
Trunko, s., tronc de bois.
Trupillo, s., excroissance sur la chair ou sur du bois.
Truzo, s., trousseau.
Tta ! int., exprimant ordre ou désir d'un refus à un acte quelconque , commencé ou projeté, enfin ordre de l'empêcher ou de le faire cesser.
Ttattiko, adv., bernique.
Ttutta, s., terme de tisserand , petite cheville de roseau, placée au milieu de la navette, de laquelle l'ouvrier tire le fil de la trame par le mouvement qu'il lui donne.
Tturtterela , s., tourterelle.
Tumpa, s., coup peu violent mais faisant un certain bruit.
Tuntur, adj., bossu, synonyme du mot *kunkur*.
Tuntur , *tuntur-tu* , v. , devenir bossu.
Tupust, adv., à l'improviste.
Turrusta, s., cataracte, chute abondante d'un liquide, de l'eau tombant d'une digue , du vin sortant d'une cuve , etc.
Turrustan, adv., versant du liquide avec abondance.
Tuta , s., cornemuse à un seul tuyau.
Tuta, *tuta-tu*, v., corner les oreilles , fatiguer quelqu'un par un verbiage.
Tuta , *tuta-tu*, v., dissiper, dissipé (au figuré) sans ordre tel bien.
Tutulu, s., gobelet en bois, à anse, dont le peuple fait usage pour prendre de l'eau dans les seaux.

U

U, s., lettre voyelle, ayant dans la langue basque le son du diphtongue français *ou*.

Ubel, s., terne, couleur terne.

Ubel, *ubel-du*, v., ternir, obscurcir.

Ubeldura, s., obscurcissement.

Uda, s., été.

Udagara, s., loutre, animal amphibie.

Udare, s., poire.

Uder, s., petit bouton sur la peau des personnes.

Udi, s., morceau de fer au milieu du joug, auquel le timon de la charrette s'adapte.

Uhaitz, s., rivière.

Uharre, s., ondée.

Uhart, *uhart-u*, v., s'aviser, avisé.

Uherlo, adj., terne.

Ukha, *ukha-tu*, v., nier, nié.

Ukha, *ukha-tu*, v., se rendre par épuisement, ou par l'absence de forces suffisantes, rendu.

Ukhaldi, s., coup; *Davidek Goliath hil zien habela ukhaldi batez*, David tua Goliath d'un coup de fronde.

Ukhan, verbe auxiliaire avoir, racine de ce verbe.

Ukhan, adj., ce qui est reçu, obtenu, notamment gratis; *ez dezazula hortzetan ikher zaldi ukhana*, n'examinez pas aux dents la monture reçue gratis.

Ukhandun, s., possesseur, propriétaire.

Ukharai, s., poignet.

Ukho, s., reconnaissance de faiblesse, couardise.

Ukhur, *ukhur-tu*, v., baisser le corps en avant par le mouvement de la tête et des reins.

Uli, s., mouche.

Ulitcha, s., moucheron.

Ume, s., mot s'appliquant à toute créature ayant

rapport à celles qui l'ont mise au monde. Ce mot n'est guère usité que pour les animaux; *ume-ak maite dituzte bethi bere amek ez choilki yendetan, bena orano animaletan*, les productions ou créatures sont toujours aimées par leurs mères, non-seulement chez les humains, mais encore parmi les animaux.

Umerri, s., fruit nouveau de la femelle d'un animal telle, que vache, brebis, chèvre, etc.

Umezurtz, s., orphelin.

Unda, *unda-tu*, v., prodiguer, détruire par le désordre.

Undar, s., reste.

Undar, *undar-tu*, v., devenir reste.

Undar, adj., dernier, synonyme du mot *azken*.

Underze, s., rectum, dernier intestin.

Unha, *unha-tu*, v., se fatiguer (dialecte labourdin), fatigué.

Unhide, s., femme qui allaite un enfant, appartenant à elle ou à autrui.

Unhide, s., nourrice.

Uni, *uni-tu*, v., unir, s'unir, uni.

Urchinch, s., belette.

Urdai, s., chair de porc.

Urdatu, s., mot exprimant l'unité à laquelle sont réduits et comptés pour la dépense, les petits porcs s'introduisant dans des bois pour la consommation de la glandée.

Urde, s., cochon, truie, porc.

Urdin, adj., gris.

Urdin, *urdin-tu*, v., devenir gris.

Urgaitz, *urgaitz-i*, v., ménager quelqu'un par pitié.

Urgoi, adj., discret.

Urgulu, s., vanité.

Urguluzu, s., orgueilleux, vain.

Urhax, s., pas.

Urhaxka, adv., pas à pas.

Urhe, s., or.

Urhent, *urhent-u*, v., finir, terminer, achever, synonyme des verbes *akaba*, *akaba-tu*, *fini*, *fini-tu*.

Urhesta, *urhesta-tu*, v., dorer.

Urin, s., graisse.

Urinda, *urinda-tu*, v., graisser.

Uringatz-gabe, s., saindoux.
Urkha, *urkha-tu*, v., pendre, pendu.
Urkabieta, s., potence.
Urkagia, s., lieu où l'on pend.
Urra, urra-tu, v., déchirer, déchiré.
Urragia, s., déchirure.
Urri, s., mois d'octobre.
Urri, adj., lent.
Urricha, adj., femelle des quadrupèdes.
Urrikal, *urrikal-du*, v., prendre en pitié; *ene Yainkoa urrikal nakizu*, mon Dieu ayez pitié de moi; *Yainkoak bekhatoria urrikal-du zien*, Dieu eut pitié du pécheur.
Urrikari, adj., qualification que l'on donne à la personne objet de sa compassion; *urrikari zitut gizon horren botherearen pera erorten bazira*, je vous plains si vous tombez sous la puissance de cet homme.
Urriki, s., regret.
Urriki, adv., avec lenteur.
Urriki, *urriki-tu*, v., se repentir, regretter.
Urrin, s., odeur.
Urrin, *urrin-du*, v., gagner une mauvaise odeur; *barrika urrindia*, futaille gâtée par la mauvaise odeur.
Urrinda, urrinda-tu, v., flairer.
Urririk, adv., gratis.
Urritz, s., coudrier, arbre qui produit les noisettes.
Urrun, adv., loin.
Urrun, *urrun-du*, v., éloigner, s'éloigner.
Urrundari, s., voix ou son qui se fait entendre loin.
Urtha, *urtha-tù*, v., rouir, en parlant du lin.
Urtharrila, s., mois de janvier.
Urthax, s., premier jour de l'an.
Urthe, s., année.
Urzainz, s., éternuement.
Urzo, s., palombe, pigeon.
Urzobelhar, s., herbe des prairies ressemblant au trèfle.
Urzokari, s., chasseur à palombe.
Usa, usa-tu, v., habituer, s'habituer, habitué.
Usaya, s., habitude, usage, synonyme du mot *usanza*.

Usain, s., odeur, synonyme de *urrin*.

Usainda, *usainda-tu*, v., flairer, synonyme du mot *urrinda*.

Usanza, s., habitude, usage.

Uspel, s., meurtrissure, blessure qui ne saigne point, mais qui s'annonce par une couleur livide sur la peau.

Uspel, *uspel-du*, v., meurtrir.

Uspelgune, s., terme de pasteur, enfoncement dans les landes, abri contre l'ardeur du soleil et la violence du vent.

Uste, s., croyance moins forte que celle exprimée par le mot *sinhexte* qui en est synonyme.

Uste, *uste*, v., croire, présent de l'indicatif *sinhex*, qui offre cette irrégularité : *uste dut gizon prestu bat zarela*, je crois que vous êtes un honnête homme ; *sinhexten dut gizon prestu bat zarela*, je crois que vous êtes un honnête homme. Les deux phrases basques sont synonymes, mais le mot *sinhexten* est plus affirmatif que celui *uste*, dont l'affirmation est toujours vague.

Ustegabe, s., inadvertance.

Ustegabez, adv., par inadvertance.

Ustei, s., cerceau.

Ustei, s., collier pour attacher les bestiaux, pour y suspendre les sonnettes, etc.

Ustekeria, s., croyance tenant du doute.

Ustel, s., pourriture.

Ustel, adj., pourri.

Ustel, *ustel-du*, v., pourrir, se pourrir, pourri.

Uster, adj., terme qui signifie l'opposé de l'adjectif solide ; *hari haur usterr-a da*, ce fil est peu solide.

Uster, adj., tendre, adjectif opposé au mot *zail* (coriace).

Uster, *uster-tu*, v., devenir tendre.

Usu, adv., fréquemment.

Usu, adj., serré, avec peu d'intervalle ; *ogi hau usu-che da onxa emaiteko*, ce froment est trop serré pour bien réussir.

Usu, s., sang altéré, tendant à se convertir en pus, matière corrompue.

Usu, *usu-tu*, v., devenir fréquent.

Utz, *utz-i*, v., laisser, abandonner.

Uxu, adj., aveugle, synonyme du mot *ixu*. Dans quelques cantons on dit *ixu*, et dans d'autres *uxu*.

Uzkal, *uzkal-i*, v., renverser.

Uzker, s., pet.

Uzki, s., cul.

Uzkornoki, s., postérieur du corps au-dessus des cuisses jusqu'aux reins.

Uzkur, adj., peu disposé à se soumettre à ce qu'on en désire.

Uzta, s., récolte.

Uztalla, s., mois de juillet.

Uztalla, s., espèce d'arbre qui croît sur des terrains secs; il est fort dur et fort pesant.

Uztar, *uztar-tu*, v., attacher à joug, mettre à joug les bêtes à cornes. Dans quelques cantons on dit *buztar*, *buztar-tu*.

Uztarhede, s., courroie à joug.

Uztarri, s., joug. Dans quelques cantons on dit *buztarri*.

Uzterina, s., croupière.

Uzterina, s., croupière à bêtes asines.

V

(Consonne presque hors d'usage dans la langue basque. Lorsqu'elle y est employée, son articulation est la même que celle de *B*, car beaucoup de personnes dont les noms sont *Etcheverry*, qui se traduit en français (*Maisonneuve*), signent *Etcheverry* pour *Etcheberry*. Mais c'est la confusion des deux consonnes *b* et *v* que les principes ne peuvent admettre.)

X

(Cette consonne n'est en usage dans la langue basque qu'au milieu des mots et jamais dans le commencement des mots, si ce n'est dans les prénoms *Xavier* et *Xénophon.*)

Y

Ya! interj., qui est un ordre d'arrêter une marche, une action quelconque, soit des hommes, soit des animaux, comme si l'on disait : assez, pas plus, excepté pour faire cesser quelqu'un de chanter, de parler, de pleurer; alors on dit *ycho* au lieu de *ya!*

Yabe, s., propriétaire.

Yabe, *yabe-tu*, v., s'approprier, approprié.

Yadanik, adv., déjà.

Yainko, s., Dieu, syncope de *Yaun-gaineko*, Seigneur d'en haut. Dans la Navarre on prononce *Yinko*, et dans la Soule *Jinko*.

Yainkotarzuna, s., divinité.

Yainkotiar, adj., qui aime Dieu.

Yaka, s., habit.

Yaki, s., mot qui s'applique à tous mets qui se mangent avec du pain de froment, de maïs, etc., et qui consistent en viande, œufs, laitage, fruits, etc.

Yaki, *yaki-tu*, v., manger avec ordre, en proportionnant le pain avec le *yaki*.

Yakile, s., témoin ; *Yakile falxu ehiz izanen*, faux témoin tu ne seras.

Yakin, *yakin*, v., savoir.

Yakin, s., connaissance.

Yakinsun, adj., savant.

Yakinsu, adj., instruit.

Yakitate, s., instruction.

Yale, s., mangeur, syncope de *yanzale*; *Martin yale handi bat-da*, Martin est un grand mangeur.

Yalgite, s., diarrhée.

Yan, s., manger; *yan hun batek bezik ez diro gizon gosia kontenta*, il n'y a qu'un bon manger qui puisse satisfaire l'homme affamé.

Yan, *yan*, v., manger; *yan dut*, j'ai mangé; *yan duzu*, vous avez mangé.

Yanhari, s., comestible.

Yaniza, s., faim canine, appétit désordonné, qui rend malades les personnes qui en sont atteintes.

Yanzari, s., toupie.

Yar, *yarr-i*, v., s'asseoir, assis.

Yardirex, *yardirex-i*, v., obtenir.

Yargia, s., siége, meuble de toute nature pour s'y asseoir. Ce mot est synonyme du mot *alkhi*.

Yarraik, *yarraik-i*, v., suivre, suivi.

Yarraiki, adj., diligent, suivant de près ses intérêts.

Yasan, *yasan*, v., supporter un poids, une charge, une douleur.

Yasta, *yasta-tu*, v., tâter, goûter, dans le but de savoir quel est le goût de l'objet goûté, goûté.

Yauk, *yauk-i*, v., adresser à quelqu'un des reproches sur des propos offensants tenus à des personnes, propos tenus contre la personne qui fait des reproches.

Yaun, s., Seigneur; pour le sens on pourrait traduire ce mot *Yaun* par celui Monsieur; mais littéralement non, car nous disons *yaun mera*, sieur maire; *yaun ertora*, sieur curé, l'usage des Basques ne permettant point l'emploi de l'adjectif personnel *ene*, mon; ainsi nous ne disons jamais *ene yaun mera*, *ene yaun ertora*.

Yaunz, *yaunz-i*, v., mettre sur le corps une ou plusieurs parties du vestiaire; *athorra churia yaunz-i*, j'ai mis la chemise blanche sur le corps; *oskiak yaunz itzak*, mets aux pieds les souliers.

Yauz, *yauz-i*, v., sauter, sauté.

Yauz, *yauz-i*, v., extraire d'un corps une ou plusieurs parties.

Yauz, *yauz-i*, v., faire sortir ou faire éclater par la violence matérielle ou morale.

Yauzika, adv., en action de sauter.

Yauztekari, s., sauteur.

Yauztiri, s., courte échelle, ou degrés posés sur un passage pour franchir un mur, une haie, une clôture quelconque, synonyme du mot *atheka*.

Yax, s., balai, synonyme du mot *erhatz*.

Yax, s., genêt, arbrisseau toujours vert.

Yaz, adv., l'année passée. Dans quelques contrées on dit *chaz*.

Yeik, *yeik-i*, v., se lever, levé.

Yeinha, *yeinha-tu*, v., soigner, en fournissant les aliments nécessaires et tout ce que la propreté exige. Ce verbe s'emploie pour les animaux, comme aussi pour les enfants, les vieillards, les malades, et enfin pour le soin que l'on doit prendre pour la conservation des fruits.

Yeinhu, s., adresse. Dans certaines contrées on dit *deinhu*.

Yeinhuzu, adj., adroit.

Yende, s., personne de l'un ou de l'autre sexe sans distinction.

Yendetarzuna, s., conduite polie, conforme à la dignité d'honnêtes gens.

Yestu, s., geste, grimace.

Yestu, s., aptitude, adresse pour quelque action.

Yeux, *yeux-i*, v., descendre.

Yikutria, s., action de ruse au préjudice de quelqu'un.

Yile, s., arrivant, celui ou celle qui arrive.

Yin, *yin*, v., venir.

Yinko, s., Dieu, synonyme de *Yainko*.

Yo, *yo*, v., battre, battu.

Yoaile, s., partant, celui ou celle qui part.

Yoan-yin, s., voyage, voyage court et prompt.

Yobalta, s., merrain.

Yoka, adv., en se battant à coups de poing ou aux mains.

Yoka, *yoka-tu*, v., action des bêtes à cornes, qui maltraitent avec leurs cornes.

Yoka, *yoka-tu*, v., jouer, joué.

Yokha, *yokha-tu*, v., action du mâle sur la femelle des animaux volatiles, pour la procréation.

Yokari, s., joueur.

Yoko, s., jeu.

Yorra, *yorra-tu*, v., sarcler, sarclé.

Yorrai, s., sarcloir.

Yos, *yos-i*, v., coudre, cousu.

Yosdura, s., couture, point où se manifeste le travail d'aiguille qui réunit deux bords d'étoffes.

Yosta, *yosta-tu*, v., s'amuser, amusé.

Yoste, s., couture, travail à coudre.

Yoyak, s., joyaux. Ce mot est en usage seulement au pluriel.

Yualdun, adj., qui porte sonnette ; *behi yualdun bat*, une vache portant sonnette.

Yuan, *yuan*, v., aller.

Yuare, s., sonnette.

Yube, adv., en silence, terme peu usité.

Yudas, s., Judas.

Yudu, s., juif.

Yumpha, *yumpha-tu*, v., balancer, se balancer.

Yunta, s., point ou deux corps divers se joignent.

Yunta, *yunta-tu*, v., joindre.

Yunta, s., assemblée municipale (dialecte haut-navarrais).

Yunto, adj., dans un état de contiguité.

Yustakus, s., habit, synonyme du mot *yaka*.

Yus, s., jus.

Yustizia, s., justice.

Yusto, adj., juste.

Yustoki, adv., justement.

Yuzka, *yuska-tu*, v., tourner quelqu'un en ridicule.

Z

Zabal, adj., plat.
Zabal, adj., étendue.
Zabal, adj., ouvert.
Zabal, *zabal-du*, v., ouvrir, étendre, ouvert, étendu.
Zafla, *zafla-tu*, v., battre, frapper.
Zafla, *zafla-tu*, v., terme de laveuse, prendre des deux bouts un drap à demi sec, et le tirer avec force en sens opposé.
Zahalburu, s., véron à tête plate.
Zahagi, s., outre.
Zahalo, s., branche menue et souple, servant de fouet pour pousser ou faire marcher les bêtes porcines ou à laine.
Zahar, adj., vieux.
Zahar, *zahar-tu*, v., vieillir, vieilli.
Zahi, s., son.
Zaya, s., jupon.
Zail, adj., coriace.
Zain, s., nerf.
Zain, s., veine.
Zain, adj., gardien, qui garde et qui soigne; nous disons *haur-zain*, gardien d'enfant; *etche-zain*, qui garde, soigne et cultive une métairie, c'est-à-dire métayer; *behi-zain*, vacher; *ardi-zain*, et par syncope *ard-zain* ou *artzain*, berger, pasteur.
Zain, *zain-du*, v., garder avec soin.
Zakhar, s., croûte sur la peau qu'elle rend infirme, désagréable.
Zakhar, *zakhar-tu*, v., devenir croûte.
Zakhur, s., gros chien.
Zaldain, s., pont étroit en bois, en une seule pièce, par où l'on passe les ruisseaux.
Zaldi, s., monture de bête chevaline ou asine, mâle ou femelle.
Zale, adj., qui aime tel aliment ou autre chose pour manger.
Zalge, s., vesce, plante fourragère nuisible au froment.

Zalhi, s., cuiller à pot.
Zalhi, s., roue de moulin en bois que l'on fait tourner et qui met l'usine en action.
Zalhu, s., souple.
Zalhu, *zalhu-tu*, v., rendre ou se rendre souple.
Zama, s., charge de fourrage.
Zama, *zama-tu*, v., former des charges de fourrages.
Zamar, s., taie, tache blanche formée sur la cornée.
Zamar, s., nuage léger couvrant le ciel.
Zamari, s., cheval.
Zampha, *zampha-tu*, v., frapper.
Zango, s., jambe.
Zangokari, s., piéton.
Zapata, s., soulier.
Zapatain, s., cordonnier.
Zapha, *zapha-tu*, v., presser un corps par un autre corps.
Zapha, *zapha-tu*, v., se calmer.
Zaphore, s., bonne disposition.
Zar, adj., très-commun, de peu de valeur, vieux, usé ; *zar* est toujours un terme de mépris.
Zar, *zar-tu*, v., devenir vieux, usé.
Zaragoil, s., culotte.
Zaramatika, s., embarras suscité par de mauvaises raisons à la conclusion d'une affaire, mauvaise chicane.
Zarduka, s., fouet en branchage de haies ou de taillis.
Zare, s., panier.
Zarika, s., genêt.
Zarrasta, s., bruit qu'un drap ou une toile fait entendre lorsqu'on le déchire.
Zarrastaka, adv., dont un marchand drapier coupe les pièces à la main après y avoir marqué le point par des ciseaux.
Zathi, s., portion.
Zathi, *zathi-tu*, v., diviser, partager.
Zathika, *zathika-tu*, v., diviser par portion, synonyme de *zathi*.
Zato, v., venez.
Zaude, v., imp., restez, pour la personne respectée au singulier.
Zaudezte, v., restez, pour la 2me personne prise au pluriel.

Zauri, s., blessure ostensible.
Zauri, v., venez, synonyme du mot *zato*, impératif du verbe irrégulier *yin*.
Zaurt, *zaurt-u*, v., blesser de manière à produire une blessure apparente.
Zaurte, v., venez, pour la 2me personne prise au pluriel.
Zazpi, s., sept.
Zedarre, s., borne, terme d'arpentage.
Zedarresta, *zedarresta-tu*, v., planter des bornes.
Zeha, *zeha-tu*, v., frapper.
Zehe, s., empan, terme de mesure.
Zeihar, adj., oblique.
Zeihar - aize, s., vent oblique.
Zeiharmen, s., machine de bois sur laquelle on roule la trame de la pièce de toile qu'on doit tisser.
Zeinha, *zeinha-tu*, v., faire le signe de la croix.
Zeinu, s., cloche.
Zeru, s., ciel.
Zela, s., selle.
Zela, *zela-tu*, v., seller.
Zelhai, s., plaine.
Zembera, s., breuil.
Zen, adj., feu, défunt ; *zen-a*, feu mon père ; *ertor zen - a*, le feu curé.
Zemphor, s., pain grossier.
Zenza, *zenza-tu*, v., acquérir du bon sens.
Zenzu, s., bon sens.
Zer, p., quoi.
Zer, int., quoi.
Zerba, s., herbe potagère.
Zerbait, p., quelque chose.
Zerbita, s., serviette.
Zerbitza, *zerbitza-tu*, v., servir.
Zerbitzari, s., serviteur.
Zeren, conj., parce que.
Zerga, s., impôt public.
Zerga, *zerga-tu*, v., soumettre à l'impôt.
Zernahi, p., quelle chose que ce soit.
Zerhelere, adv., par prévoyance.
Zerou, s., ciel.
Zerra, *zerra-tu*, v., fermer, serrer.
Zerren, s., synonyme de *biphu*, mite.
Zeta, s., soie.
Zetha, s., production du

lin, qui tient par sa qualité le milieu entre l'étoupe et le lin propre.

Zethabe, s., tamis plus fin que *zethatchu*.

Zethatchu, s., tamis commun.

Zezen, s., taureau.

Zezka, s., petite chandelle en cire.

Zi, s., fruit du chêne, gland.

Zigal, s., cigale.

Zigarro, s., cigare.

Zigonna, s., cigogne.

Ziho, s., chandelle de suif.

Ziho, s., partie grasse de la viande.

Ziho, *ziho-tu*, v., graisser.

Zikhin, s., ordure.

Zikhin, adv., malpropre, sale.

Zikhin, *zikhin-da*, v., salir, rendre malpropre.

Zikhinkeria, s., action sale, inconvenante, par avarice.

Zila, *zila-tu*, v., percer.

Zilhar, s., argent, métal non monnoyé.

Zilindroin, adj., sans tenue, insouciant, sans énergie.

Zilo, s., trou.

Zilo, *zilo-tu*, v., trouer.

Zimika, *zimika-tu*, v., pincer.

Zimiko, s., mal que l'on fait en pinçant quelqu'un.

Zin, s., serment, jurement.

Zinein, v., jurer, affirmer par serment.

Zinez, adv., sincèrement, véritablement, sans plaisanterie.

Zingla, s., sangle.

Zingla, *zingla-tu*, v., serrer avec la sangle.

Zinkha, s., cri de joie sauvage en usage chez les paysans basques, synonyme de *irhinziri*.

Zinkhor, adj., avare.

Zinkhuri, s., murmure plaintif.

Zintz, s., effort que l'on fait pour dégager le nez du *mucus* qui l'obstrue.

Zinzillo, adj., sans souci, sans tenue.

Zinzinez, adv., en vérité, sincèrement.

Zinzur, s., gosier.

Zinzurzilo, s., gosier, synonyme de *zinzur*.

Zira, *zira-tu*, v., cirer.

Ziri, s., cheville.

Zirista, *zirista-tu*, v., cheviller.

Zirzil, adj., négligent jusqu'à se rendre dégoûtant.
Zithal, adj., méprisable; quand l'individu auquel l'épithète s'adresse est de petite corpulence, on lui dit *chithal*.
Zizari, s., ver.
Zizka, s., vermoulure.
Zizka, *zizka-tu*, v., action exercée par la vermoulure sur les meubles en bois, ou sur des pièces de bois.
Zizo, adj., qui blaise en parlant.
Zizo, *zizo-tu*, v., acquérir le défaut du blaisement.
Zohardi, adj., état du ciel étoilé (dialecte souletin), synonyme du mot *izarzki*.
Zoinu, s., soin.
Zola, s., partie inférieure d'un corps.
Zola, *zola-tu*, v., donner à un corps la partie inférieure, aux traîneaux une chaussure, *idem* aux bottes, aux souliers, etc.
Zoldra, s., rouille ou saleté qui s'attache à la peau, aux vases, etc.
Zopa, s., soupe.
Zor, s., dette.
Zordun, s., débiteur.
Zorhi, s., tranche de terre prise à la superficie avec le gazon qui la couvrait, pour l'employer à couvrir des cabanes.
Zorhi, *zorhi-tu*, v., mûrir, mûr.
Zori, s., sort; dans la Basse-Navarre on dit souvent *chorthe*.
Zori-gaitz, s., malheur.
Zori-on, s., bonheur.
Zorkha, *zorkha-tu*, v., chercher de la vermine, visiter la tête.
Zorri, s., pou, vermine.
Zorrizu, adj., pouilleux, couvert de vermine.
Zorro, s., sac de cuir.
Zorrotz, *zorrotz-i*, v., aiguiser.
Zorthe, s., sort ou position dû au hasard.
Zortzi, s., huit.
Zothal, s., amas d'herbes sèches que les laboureurs font brûler et qui proviennent du hersage de terres labourables.
Zotz, s., petit morceau de bois en forme de bâton, ou cheville non préparée.

Zozo, s., merle, au figuré sot.

Zozollo, s., pauvre d'esprit.

Zozkor, s., tige dure d'arbrisseau ou de branche.

Zu, p. de la 2me personne du singulier, respectée par la première, vous, décliné au nominatif simple ; *zu maithagarria zira*, vous êtes aimable.

Zuk, p. de la 2me personne du singulier respecpectée par la 1re, vous, décliné au nominatif actif ; *zuk manatzen duzu*, vous commandez.

Zuaza, v., allez, impératif du verbe irrégulier *yoan*, quand on adresse la parole à une personne prise au singulier, mais respectée.

Zuazte, v., allez, en s'adressant à plusieurs personnes respectées ou non.

Zuei, p. de la 2me personne plurielle déclinée au datif; *zuei dago hautatzea*, c'est à vous à choisir.

Zuek, p. de la 2me personne au pluriel, décliné au nominatif simple.

Zuetaz, p. de la 2me personne plurielle déclinée au cas médiatif; *zuetaz mintzo gire*, nous parlons de vous.

Zugan, s., cuve à vin.

Zuhain, s., fourrage.

Zuhain, s., arbres épars; ce terme n'est employé qu'en Labourt et en Espagne, exclusivement à la Navarre française.

Zumarika, s., genêt, arbuste.

Zume, s., osier.

Zur, s., bois de construction.

Zurgin, s., charpentier.

Zurda, s., séton, terme de vétérinaire.

Zurda, s., crin.

Zurda, *zurda-tu*, v., appliquer des sétons.

Zuri, p. de la 2me personne plurielle déclinée au datif.

Zurra, *zurra-tu*, v., frapper violemment une personne en guise de correction.

Zurrunga, s., action de ronfler.

Zurkhaitz, s., tuteur des plantes qui s'élèvent dans les jardins et qui sont trop faibles pour se tenir debout.

Zurkhaitzta, *zurkhaitzta-tu*, v., garnir de tuteurs.

Zurmin, s., moisissure.

Zurmindu, v., moisir.

Zurtz, adj., isolé, abandonné.

Zutaz, p. de la 2me personne respectée, déclinée au médiatif ; *zutaz mintzo ginen*, nous parlions de vous.

Zuzen, s., droit, prétention juste.

Zuzen, adj., juste, droit.

Zuzenki, adv., consciencieusement, avec justice.

Zuzi, *zuzi-tu*, v., détruire ; *undar igandeko harriak gure herri guziko ogiak zuzitu ditu, bakhar bat ez du zutik utzi,* la grêle de dimanche dernier a détruit tous les froments de notre village, elle n'en a pas laissé un seul debout.

Vocabulaire Supplémentaire

BASQUE FRANÇAIS,

CONTENANT LES MOTS QUE NOUS APPELONS AFFIXES, LESQUELS, AJOUTÉS A D'AUTRES MOTS, EN MODIFIENT LES SIGNIFICATIONS.

Nous avons cru que ce Supplément serait utile, par la raison que les affixes, qui sont presque tous des monosyllabes, n'ayant aucun sens qui leur soit propre, ne se produisent dans le langage, parlé ou écrit, qu'unis à des mots qui les précèdent; de sorte qu'ils ne peuvent en être distingués que difficilement, tandis que la connaissance en est fort essentielle par rapport aux modifications importantes qu'ils produisent sur l'intelligence des interlocuteurs et des lecteurs.

Ar. — Ce mot est toujours précédé d'un nom indiquant l'origine de la personne qui en provient : *Maréchal Harispe Baïgorry-ar-da hastapenez*, le maréchal Harispe est Baïgorrien d'origine ; ce mot *ar* est synonyme de ceux *dar* et *tar*. Cet affixe *ar* est même réduit à la seule lettre *r*, lorsque le nom qui le précède se termine par la voyelle *a*. Ainsi nous disons : *Malaga-r*, *Kalkuta-r*, pour des personnes originaires de Malaga et de Calcutta. Ces trois mots, *ar*, *dar* et *tar*, ont la même signification ; le choix en est déterminé par l'oreille, qui consulte la finale à laquelle l'affixe est ajouté. Voyez plus bas au mot *tar*.

Che, ajouté à un adjectif ou à un adverbe, signifie excès ou déficit ; *handi-che eta ttipi-che bi extremitate dira, berdin gaichtoac*, trop grand et trop petit sont deux extrémités également mauvaises. Ce mot *che* est synonyme de celui *egi* ; l'un et l'autre signifient hors mesure. Le choix dans l'usage en est dévolu au goût.

Chka. — Il s'ajoute à des substantifs et à des adjectifs ; il en diminue la valeur matérielle ou morale : *yaun*, seigneur ou bien sieur ; *yaun chka hori da ene arrebaren senhar-gaia*, ce petit homme est le futur mari de ma sœur.

Chkila. — Ce mot surenchérit sur celui qui le précède ; *yaun chkila* donne une idée plus défavorable de l'individu nommé par le mot *yaun* que le mot *yaun-chka.*

Chko, un peu ; *gazte*, jeune ; *gazte chko hiz orano soldatarik irabazteko*, tu es bien jeune encore pour gagner des gages ; *hardit-chko hiz enetzat*, tu es un peu hardi pour moi ; *onxa-chko da orai Manuel bere egitekuetan*, Manuel est assez bien actuellement dans ses affaires. Cet affixe affaiblit la qualité exprimée par l'adjectif auquel il s'attache.

Dar. — Ce mot, comme l'affixe *ar*, est indicatif de l'origine de la personne nommée : *Meharin-dar zen sortzez Belsunce Marzeillaco aphezpicu famatia*, Belsunce, le célèbre évêque de Marseille, était originaire de Méharin (dans la Basse-Navarre).

Dun. — Ce mot signifie que l'individu sujet de la proposition est pourvu de l'objet auquel l'affixe est ajouté : *gizon diru-duna bethi aise minzo da*, l'homme pourvu d'argent parle toujours avec facilité ; *behi esnedun bat erosi dut*, j'ai acheté une vache laitière ; *ardi hotan badira laur adar-dun eta bi yuare-dun*, parmi ces brebis il y en a quatre ayant des cornes et deux munies de sonnettes.

Egi. — Ce mot, synonyme de celui *che*, signifie, comme celui-ci, hors mesure. Le choix dans l'emploi de ces deux affixes est déterminé par le goût : *berant-egi-ez hadila pharti,* ne pars point trop tard ; *goiz-egi yin hiz,* tu es venu trop tôt ; *gazte-che da zure se-mia emplegu hortako,* votre fils est trop jeune pour cet emploi.

Ezko désigne la nature avec laquelle l'objet indiqué par le substantif suivant a été fait ou produit : *leizar,* s., frêne ; *leizar-ezko lardayak dira azkarrenak,* les timons de frêne en sont les plus forts. Cet affixe perd la lettre initiale lorsqu'il est précédé d'une voyelle : *gaztaina zko taulak arhin ago dire haritz-ezko ak beno,* les planches de châtaigniers sont plus légères que celles de chêne.

Gai, futur, propre à...... destiné à...... *Neskatcha hori etche huntako andere gai-a-da*, cette fille est la future dame de la présente maison ; *aphez-gai-bat bada etche hortan,* il y a un futur abbé dans cette maison ; *marro-gai-etako hautatzen-du arzain onak bere achurietarik ederrena,* le bon pasteur choisit le plus beau de ses agneaux pour devenir bélier.

Garri, agent propre à commettre ou provoquer une action. *Altcha*, radical du verbe lever ; *altcha-garri* exprime fort bien la matière propre pour faire lever le pain. *Irri* signifie rire ; *irri - garri* est ridicule ; *izit,* radical du verbe s'effrayer ; *izit-garri,* effroyable.

Gatik, pour l'amour de..... malgré. Ces mots exprimant des idées opposées, sont rendus dans la langue basque par le seul et même mot : *gatik. Gizon-en gatik Jesus yeuxi-zen zerutik lurrera*, pour l'amour des hommes, Jésus descendit du ciel sur la terre ; *ama batek zer nahi paira dezake bere haurren gatik*, une mère peut souffrir quelle chose que ce soit pour ses enfants.

Amorio, amour ; *amorio-a*, l'amour ; les mots *amorio-a-gatik* signifient littéralement : pour l'amour ; ils sont d'un grand usage dans la langue basque, à la suite d'un nom décliné au cas possessif ou d'un adjectif possessif; mais, corrompus en syncope, nous disons : *Yainkoa-ren amore-katik*, pour l'amour de Dieu ; *Letiziaren amore-katik*, pour l'amour de Letizia, ou par rapport à Letizia ; *zure amore-katik*, pour l'amour de vous, ou par rapport à vous ; l'article *a* se retranche du nom *amore*, et la consonne *k* est substituée à celle *g* assez souvent.

Am-en gatik, semek nahidutena egiten dute eta ardura bere malurretan, malgré les mères, les fils font ce qu'ils veulent, souvent pour leur malheur.

Ene gatik ene haurrek egiten dute nahi dutena, zahartu-niz, ez dira gehiago ene beldur, malgré moi (ou bien sans me consulter), mes enfants font ce qu'ils veulent : j'ai vieilli, ils ne me craignent plus.

Gia, lieu propre à............ *Gorda* est le radical du verbe *gorda*, cacher, se cacher ; *gorda-gia*, lieu propre à cacher, à se cacher ; *etzan*, se coucher ; *etzan gia huna*, bon endroit pour se coucher ; *igaran*, passer ; *igaran gia*, gué, lieu de passage dans une rivière.

Goa, titre ou qualité ; *Aita saindu-goa munduko dinnitaterik gorena-da Katolikoen artian*, la Papauté est la dignité la plus élevée parmi les Catholiques.

Ertor goa huna du zure semiak, votre fils a une bonne cure.

Nausi-goa-k plazer egiten ezdakon gizon guti da, il y a peu d'hommes auxquels la qualité de maître ne fasse plaisir.

Ka. — Cet affixe a des significations diverses dans les usages variés qu'on en fait ; nous en donnons les explications qui suivent :

1° Quérir, chercher sont deux verbes qui sont rendus en basque par le seul verbe *cherkha*, *cherkha-tu*, lequel verbe basque est fort bien remplacé par le seul monosyllabe *ka ; hur*, eau ; *hur-ka igorri dut nerkatoa*, j'ai envoyé la servante chercher de l'eau ; *egur*, bois de chauffage ; *egur-ka yoan da muthila*, le domestique est allé chercher du bois.

2° A la recherche de.......... *Emazte gai-ka omen dabila zure semia ardura*, on dit que votre fils est souvent à la recherche d'une future épouse.

Mia-ka dabila, egun oroz, Bernard, mendiz, mendi, Bernard court, tous les jours, de montagne en montagne, à la recherche de minerais.

3° Dans l'objet de prendre.......... *Ene semiak yoan dira goizian, bata urzo-ka eta berzia arrain-ka*, mes fils sont allés ce matin l'un à la chasse des palombes et l'autre à la pêche.

4° A coup de........... *Mazo-ka hauxi dute undarrian harri hori, ezagutu ondoan martellu-ka hausteko handi-che zela*, on a cassé enfin cette pierre à coups de massue, après avoir reconnu qu'elle était trop grande pour l'être à coups de marteau; *tiro-ka kazatu dituzte gure artzainak bere ardien bazkagietarik brigantek*, nos pasteurs ont été chassés par des brigands à coups de fusil du lieu où il faisaient paître leurs brebis; *huin-ka yoanen da Gabriel, Martin zaldiz beno laster-ago*, Gabriel ira à pied plus vite que Martin à cheval.

5° Dans la proportion de............ *Zuzen arau-ka phartitu dugu huntarzun hori*, nous avons partagé ce bien dans la proportion des droits de chacun.

Hamar-ka, ehun-ka, mila-ka da aisenik khondat-

zia, la méthode la plus facile de compter est par dix, par cent, par mille.

Erdi-ka, heren-ka, laurden-ka pharthizazu, partagez par moitié, par tiers, par quart.

Kara, disposition apparente, bonne, mauvaise....., *Kara-ko etchia*, maison de belle apparence; *gizon horrek kara gaichtoa du*, cet homme a mauvaise mine.

Kara, approchant d'une époque, d'un lieu...... *Berantkara yin zinen barda*, vous arrivâtes un peu tard hier au soir; *goiz kara bihar parti zite*, partez demain de bonne heure; *goiti kara zuaza bide hortan ezik hirriskiak badira; ondar aldian, zure anaya hor erori zen, peko hegirat-kara yoan zelakotz*, marchez un peu vers le côté d'en haut sur ce chemin, car il y a du danger; dernièrement, votre frère tomba pour avoir été un peu vers le bord inférieur.

Kari, aimant tel objet; *merkhatu*, marché; *merkhatu kari handi bat da zure auzoa*, votre voisin est un grand amateur de marchés.

Haurrak frutu-kari dira comuzki, les enfants sont amateurs de fruits, communément.

Prozes-kari aboroek bere ontarzunak yaten dituzte, la plupart des amateurs de procès dissipent leurs biens.

Kari, porteur habituel de marchandises ou bien

encore celui qui porte des effets ou charges quelconques par commission.

Liho-kari bat da emazte hori, cette femme est une marchande qui a du lin à vendre ; *gure olio-kari-a da gizon hori*, cet homme est celui qui porte de l'huile pour nous ; *gure larru-kari-a laburzki yinen da*, dans peu de temps viendra celui qui nous achète et prend les peaux disponibles.

Lettra-kari-a sarri yimen da, le facteur (ou le porteur des lettres) viendra tantôt.

Keria, action ou conduite méprisable.

Gaichto, méchant ; *gaichto-keria*, méchanceté.

Hordi, ivrogne ; *hordi-keria*, ivrognerie.

Traidore, traître ; *traidore-keria*, trahison. — Cette particule *keria* n'est jamais employée que pour exprimer du dégoût ou du mépris.

Khal, au fur et à mesure de.........., à proportion du nombre de.........

Yin-khal giristinnoer aphezak emaiten du haur benedikatia bere egunian, au fur et à mesure que les chrétiens se présentent, le prêtre leur donne la cendre bénite en son jour ; *haur-khal eta klasaka pagatzen dugu gure erreyenta*, nous payons notre instituteur dans la proportion des enfants et par classe.

Ki, de la nature de........., de l'espèce de.........

Epher, perdrix; *erbi*, lièvre; *achouri*, agneau; *mahaian, nik maite dut epher-ki; zuk erbi-ki; Michelek achourki*, à table, moi j'aime de la perdrix, vous du lièvre et Michel de l'agneau.

Ki. — Ce mot, dans un autre sens, correspond exactement au monosyllabe français *ment*, qui forme de chaque adjectif qualificatif un adverbe : *gora*, haut; *gora-ki*, hautement; *pollit*, joli; *pollit-ki*, joliment; *luze*, long; *luze-ki*, longuement.

Kor, sujet à.........., disposé à...........

Gaitzi, s'offenser; *gaitzi-kor ezbaliz hainbeste zure arreba maithagarciago lizateke*, votre sœur serait plus aimable si elle n'était pas susceptible; *ustel*, pourri; *ustel, ustel-kor da sagarmota hori*, cette espèce de pomme est sujette à se pourrir facilement; *hux*, manquer, faillir; *mahax mota hau hux-kor da*, cette espèce de raisin est sujette à manquer.

Haux, casser; *haux-kor dira hanitz lekhutako burdinak bena Baïgorriko-a ezda hala; hartakotz karrossierren-tzat eta marechalen-tzat preferatzen-dute*, les fers de beaucoup d'endroits sont cassants; mais celui de Baïgorry ne l'est pas; par ce motif, on le préfère pour les carrossiers et les maréchaux-ferrants.

Nno. — Les deux *n* réunis produisent l'articulation que l'on trouve dans les mots *agneau*, *Agnès*, *dignité*;

nno est un affixe qui n'a d'autres fonctions que d'amoindrir, de rendre digne de pitié le substantif désigné par le nominatif précédent ; de là ces qualifications fréquentes : *Mari-nno*, *Joana-nno*, *Marti-nno*, *Piarra-nno.*

Badituzu bihaur ederrak eta nik ezdut bat-nno bezik, vous avez deux beaux enfants, et je n'en ai qu'un chétif.

Pen, affixe s'adaptant au mot qui le précède, dont il certifie la valeur.

Haste, commencer ; *haste-pen-a*, le commencement ; *iraun*, durer ; *iraute-pen-a*, durée ; *gora*, élever, s'élever ; *gora-pen-a*, période pendant laquelle la lune croît ; *behera*, baisser ; *behera-pen-a*, période de la lune décroissante.

Ska. — Cet affixe est synonyme du mot *chka*, avec cette circonstance que ce dernier mot s'emploie pour des objets chétifs et le mot *ska* pour des choses grosses.

Skila, synonyme du mot *chkila; skila* se dit pour des objets gros, forts, et *chkila* pour des objets petits ou chétifs.

Sko, synonyme du mot *chko*, est une expression plus ample que le mot *chko*, terme plus délicat.

Sta, garnir de......... Cet affixe s'emploie pour

exprimer l'action qui unit la substance désignée par le mot qui le précède à un corps qui lui a été étranger jusqu'à cette action : *urhe*, or ; *urhe sta bazin deza aldare hori arras eder lizateke*, si vous doriez cet autel, il serait très-beau ; *zilhar*, argent ; *zilhar sta-tu behar dituzu ganderallu hok*, vous devez argenter ces chandeliers ; *ezko*, cire ; *ezko sta itzazu zure apartemendiak, nahi badituzu ukhan garbi*, cirez vos appartements, si vous voulez les avoir propres.

Lohi, boue ; *lohi-sta-tu gabe ez gaizte bide hortaric igaran*, nous ne pouvons point passer par ce chemin sans être crottés.

Tar, affixe pour annoncer l'origine ou la provenance, comme les mots *ar* et *dar*, ainsi que nous l'avons dit plus haut. Le choix des trois expressions synonymes dépendant de la finale du mot précédent, nous disons : *Iholdi-ar-a*, originaire d'Iholdy ; *Oloron-dar-a*, Oloronais ; *Orthez-tar-a*, Orthézien ; l'affixe *ar* perd même quelquefois la voyelle *a* dans l'objet d'éviter le hyatus que la répétition immédiate de cette lettre produirait, et l'on dit : *Ibarrolar-a*, l'Ibarrolien, *Malaga-r-a*, le Malagais.

Tarzuna. — Cet affixe exprime la qualité inhérente à l'être indiqué par le substantif *Yainko*, Dieu ; *Yesus-en*, *Yainko tarzuna guk giristinno guziek eza-*

gutzen dugu, nous tous chrétiens, nous reconnaissons la divinité de Jésus; *zure nausi tarzuna ongi baliarazten duzu*, vous faites bien valoir votre maîtrise; *zure zahar tarzuna errespetatzen dute zure askaziek*, vos parents respectent votre vieillesse. Nous ferons observer ici que les affixes *keria* et *tarzuna* expriment l'un et l'autre des qualités inhérentes à un être, mais avec cette circonstance que le mot *keria* n'est en usage que pour des objets ou actions dégoûtantes ou dignes de mépris.

Te, signifie abondance de la chose exprimée par le substantif précédent, et souvent cet affixe est suivi de l'adjectif *handi*, grand; *euri*, pluie; *igaran bedaxeko euri-te-ak ekharri du aurthengo urthe gaichtoa*, les pluies abondantes du printemps passé ont produit la mauvaise année courante.

Agor, sec; *agor-te-ak aurthen kalte ekharriko du laboranzari*, cette année la sécheresse portera malheur à l'agriculture; *gerla-te handi-ek ekhartzen dituzte kasik bethi gose-te-a eta izurri-te-a*, les grandes guerres produisent presque toujours la famine et la peste.

Tegi, gîte pour les animaux, endroit pour les enfermer; *behor*, jument; *behor-tegi*, étable à jument; *ollo*, poule; *ollo-tegi*, poulailler; *ardi*, brebis; *ardi-tegi*, et par syncope *artegi*, bercail; *liburu-tegi*, bibliothèque ; *gasna*, fromage ; *gasna-tegi*, fromagerie.

Ter, *tzer*. Ces deux mots sont synonymes : faillir à......... *Has*, commencer; *haster-niz oihuz*, j'ai failli commencer à crier.

Haux, casser ; *haux-ter dut zure basoa*, j'ai failli casser votre verre ; *hil*, mourir ; *hil-tzer da barda ene ama*, ma mère a failli mourir la nuit dernière.

Sal, vendre ; *sal-tzer nien, atzo, zuk egun erosi dautazun zamaria*, je faillis vendre, hier, le cheval que vous m'avez acheté aujourd'hui.

Samur, se fâcher ; *samur-tzer dira goizian zure bi anayak, elgar ezin komprenituz*, ce matin vos deux frères ont failli se fâcher, ne pouvant se comprendre.

Le choix de ces deux affixes synonymes, *ter, tzer*, dépend des finales des mots qui les précèdent, et l'oreille en détermine l'usage. Ainsi les radicaux terminés par des voyelles prennent pour affixe *tzer*; *manka*, faire défaut ; *manka-tzer dut*, j'ai failli manquer ; *erra*, brûler, se brûler ; *erra-tzer niz*, j'ai failli me brûler ; *eri*, tomber malade ; *eri-tzer niz*, j'ai failli tomber malade ; *erho*, fou ; *erhotzer da plazerrez Julien*, Julien a failli devenir fou de plaisir ; *maingu*, boiter; *maingu-tzer da zure arreba*, votre sœur a failli devenir boîteuse.

Les radicaux terminés par *l*, *n*, *r* et *t*, prennent aussi l'affixe *tzer ; hil*, mourir ; *hil-tzer niz atzo*, j'ai failli mourir hier.

Khen, ôter, déplacer ; *khen-tzer dauzu bizia*, il a failli vous ôter la vie ; *eror*, tomber ; *eror-tzer niz oraietan*, j'ai failli tomber tout à l'heure ; *ohart*, s'aviser, s'apercevoir ; *ohart-tzer da zure aita*, votre père a failli s'en apercevoir. Le radical terminé par *k* est suivi aussi par l'affixe *tze ;* mais pour éviter la prononciation difficile du mot *ktze*, la voyelle *i* s'interpose entre la lettre *k* terminant le radical et l'affixe *tze*, et nous disons : *idek*, ouvrir, *idekitzer dut athe hori uste gabez*, j'ai failli ouvrir cette porte par mégarde ; *ausik*, mordre ; *ausiki-tzer, nu chakhurrak*, le chien a failli me mordre.

Les radicaux terminés par les consonnes *s*, *x*, *z*, prennent l'affixe *ter ; has*, commencer, entamer ; *has-ter dira gizon horiet kolpeka*, ces hommes ont failli commencer à se battre ; *nahas*, mêler, confondre ; *nahas-ter dut ene ogia zure-a-rekin*, j'ai failli mêler mon froment avec le vôtre ; *hux*, vider ; *hux-ter dut zure zakia ustez enia zen*, j'ai failli vider votre sac, le croyant à moi ; *ahatz*, oublier ; *ahatz-ter dut zure gomendia*, j'ai failli oublier votre recommandation.

Ti, disposé à.........., habitué à faire usage de.........; *nigar*, pleurer; *nigar-ti bat da haur hori*, cet enfant est un pleureur; *gezur*, mensonge; *gezur-ti*, menteur; *eskuin-ti*, habitué à faire usage de la main droite; *eskuin-ti ala ezker-ti zira*, êtes-vous habitué à faire usage de la main droite ou bien de la main gauche ?

To, *tto*. — Ces deux affixes sont ajoutés à des substantifs, pour en modérer l'importance; *to*, pour les noms des individus, personnes ou choses, qui sont gros et forts, mais courts; *tto* s'ajoute à des noms d'individus chétifs ou de grandeur moyenne; et *nno* est employé pour les individus chétifs, faibles, dignes d'affection ou de pitié; *gizon to hori content da bere buriaz*, cet homme est content de sa personne; *gizon-tto hori enganatia izan da*, cet homme a été trompé; *emazte-nno hori maithagarri huxa da bere manerez*, cette femme est aimable tout à fait par ses manières; *haur-nno hori dolu-garri da, bere ait-amak galdurik*, cet enfant est digne de pitié ayant perdu son père et sa mère.

Tra, ce qui peut être contenu dans un contenant quelconque; *unzi-tra bat artho atzo yin da Amerika-tik Bayonarat*, hier est arrivé de l'Amérique à Bayonne un navire chargé d'autant de maïs qu'il pouvait en contenir ; *bost-orga-tra amens behar huzke aurthengo hire errekoltatik*, tu aurais besoin de cinq charretées au moins de ta récolte de l'année.

Ahur-tra-bat diru bazien atzo zure semiak eskian, votre fils avait hier à la main une poignée d'argent ; *hamar-unzi-tra ogi igurikitzen dituzte aste huntan. Marsellan Odesa-ko hiri-tik*, on attend cette semaine à Marseille, de la ville d'Odessa, dix navires chargés de froment.

Phala-tra-ka dabila gizon horrek diria, fite igorriko ditu, cet homme manie l'argent par pelletée, il s'en défera promptement. Remarquons que, dans le langage familier, on supprime souvent l'affixe *tra* et que l'on fait entendre le contenu par le nom du contenant, en disant : *ahur-bat, unzi-bat, orga-bat*, au lieu de *ahur-tra, unzi-tra, orga-tra.*

Xu, à peu près ; *berdin azkar dira zure semia eta enia*, votre fils et le mien sont d'égale force ; *berdin-xu azkar dira zure semia eta enia*, votre fils et le mien sont d'égale force, à peu près ; *zure bi semek elgar iduri dute*, vos deux fils se ressemblent ; *zure bi semek elgar iduri-xu dute*, vos deux fils se ressemblent à peu près.

Franziaren erdi-xu an da Nevers eko-hiria eta Espannaren erdi-xu an da Madrille, la ville de

Nevers est à peu près au milieu de la France, et celle de Madrid est vers le milieu de l'Espagne.

Italiaren bazter-xu an da Roma-ko hiria, la ville de Rome est vers l'extrémité de l'Italie.

Erdi, moitié; *erdi-xu-a falta dut orano etche egin behar dutan aren bastilzeko behar ditutan gauzetarik*, la moitié à peu près me manque des choses qu'il me faut pour construire la maison que je dois bâtir.

Erdi-xu-a bezik Martinek ezin konserbatu du bere etchederre-tik, bertzia erre-da, Martin n'a pu conserver que la moitié à peu près de sa belle maison, le reste a été brûlé.

Ici nous devons dire que les voyelles *u*, qui précèdent immédiatement la lettre *a*, se changent en *i*, dans la Basse-Navarre; si bien que nous disons : *erdi-xian, bazterxian*, au lieu de *erdixuan, bazterxuan*.

Zale, aimant ou habitué à boire, à manger telle chose; *gatz*, sel; *gatz-zale dire ardi batzu eta berzeak ez*, quelques brebis aiment du sel et d'autres non.

Ttipi-tik ene haurrek etzuten maite haragirik bena gero zale arazi nituen, utziz ogi huxa bezik eman gabe, mes enfants étant tout petits n'aimaient pas la viande, mais après je les y habituai en les laissant sans leur donner autre chose que du pain sec.

Oihal zale den aberia, ez da atchikitzen ahal laborari etchian, on ne peut tenir dans une maison rurale la bête habituée à manger des étoffes; *ez eta ere urde ollo zale-tu-a*, pas plus le porc habitué à manger des poules.

Zu, abondamment pourvu de.........; *odol*, sang; *bila*, bile; *odolzu da zure semetarik bat eta berzia bila-zu*, l'un de vos fils est sanguin et l'autre bilieux.

Iraka, ivraie; *iraka-zu da ogi hori, ez da garbi*, ce froment est abondamment pourvu d'ivraie, il n'est pas propre.

Kolore, couleur; *gorri*, rouge; *chouri*, blanc; *hori*, jaune; *berde*, vert.

Kolore gorri, zu-a duzu maite zuk, nik churi zu-a zure ahizpak hori-zu-a eta ene arrebak berde zu-a, vous aimez la couleur dominée par le rouge, moi celle garnie de blanc, votre sœur celle munie de jaune, et ma sœur celle où domine le vert. Observez que les Navarrais changent *u* en *i*, et qu'ils disent *zia* au lieu de *zua*.

Zurruminno, petite vérole.

Zurruminno seinhale-zu bat da nik bilhatzen du dan gizon-a, l'homme que je cherche est un gravé de la petite vérole.

ESSAI DE POÉSIE BASQUE.

SEI BERXU HESKUARAZ HUNDIAK PRINZE LUIS L. BONAPARTE-REN,

Ohoretan urriko hilabethe-an, 1856-an, khaussitzen zelarik Morde d'Abbadia-ren etchi-an, Echauz-ko yaurei-an Baigorrin Bassa-Nabarren, estudiatzen ziela heskuara, Iberanoen mintzaye zaharra, begiratia Pyréneetako mendietan.

I.

Bonaparte prinzia,
Hambat ohoratia,
Bazter guzietan ;
Heskuaraz da mintzatu,
Nihaurek dut aditu,
Hirur egun huntan,
Echauz'ko yaureyan.

II.

Yakitate handiek
Eta ber inxegiek
Hor dute lagundu;
Mintzaye zaharrena,
Ezaguturik dena,
Estudiatu du,
Unxa ikhasi du.

III.

Gur'Emperadoreak,
Inzunik Biskainoak,
Errand'unxa dela;
Haren seme Prinzia,
Dadila deithatia,
Heskualdun bezala
Kontent gira hala.

IV.

Erraiten du Senekak,
Heskaldun eta Korsak,
Iberano dire;
Gure izenak ezdu
Bertze huxik ez badu,

Hortaz desohore
Bainan bai ohore.

V.

Prinzia, haxarretik
Et'orai mintzayetik
Heskualduna zira;
Orok maite zitugu,
Boto egiten dugu,
Yin ziten ardura
Gure ikhustera.

VI.

Napoleonen obrak,
Zure yakitateak,
Dire aiphatuak;
Franzian et'Eropan
Munduko bazterretan
Dir'ezagutuak
Errespetatuak.

TRADUCTION.

SIX COUPLETS BASQUES IMPROVISÉS EN L'HONNEUR DU PRINCE LOUIS-L. BONAPARTE,

Au mois d'octobre 1856, pendant qu'il se trouvait chez M. d'Abbadie, au château d'Echaux, à Baïgorry, dans la Basse-Navarre, étudiant le Basque, cette ancienne langue des Ibériens, conservée dans les montagnes des Pyrénées.

I.

Le Prince Bonaparte, si honoré dans tous les pays, a parlé basque. Je l'ai entendu moi-même, pendant ces trois jours, dans le château d'Echaux.

II.

Ses grandes connaissances et ses efforts l'ont fait arriver à ce résultat ; il a étudié la plus ancienne des langues connues, et il l'a bien apprise.

III.

Notre Empereur, à la demande des Biscayens, a

consenti à ce que son fils, le Prince Impérial, reçut le titre de Basque : ce dont nous sommes fiers. (1)

IV.

Sénèque, le philosophe, atteste que les Basques et les Corses sont d'origine Ibérienne (2). Ce n'est point pour nous un déshonneur, mais au contraire un honneur.

V.

Prince, vous êtes donc Basque, soit par votre origine, soit par votre langage adoptif. Nous vous aimons tous, et nous formons des vœux pour que vous veniez nous visiter aussi souvent que possible.

VI.

Les œuvres de Napoléon, ainsi que vos connaissances, ont du retentissement en France, en Europe, et même dans tout le monde; elles y sont connues et respectées.

---

(1) *Moniteur*, 1856.

(2) Lettre écrite de Corse par le philosophe Sénèque, pendant qu'il était en exil, à sa mère qui était en Espagne; rappelée dans l'ouvrage intitulé : *Essai sur la noblesse des Basques*, page 20, imprimé à Pau, chez Vignancour, en 1785.

VERS RELIGIEUX.

CANTIQUE SUR LE JUGEMENT UNIVERSEL

(EN DIALECTE SOULETIN.)

I.

Berri izit garri bati,
Nor bere intresagati,
Beha mundu guzia;
Laburzki bilduren gira,
Josafatek'ordokira,
Bidian da mezia.

II.

Egun hura beno lehen
Seinhaliak dira jinen,
Bena ikharagarri;
Loxeriaren handiak,
Aiharturen tu jentiak,
Egotziren lurrari.

III.

Trompet'oxez ainguriak,
Lur guzietak'ilherriak,
Ditu inguratuko:
Hiler jeiki ditiala,
Egun handia jindela,
Khondu errendatzeko.

IV.

Ixasoan hil direnak,
Arrainek jandutianak,
Sayek ere lurrian.
Nahiz ere diren erre,
Aizatu ilhagnak ere,
Phizturen ichtantian.

TRADUCTION.

I.

Que tout le monde, dans son propre intérêt, écoute une nouvelle terrible : avant longtemps nous nous réunirons dans la plaine de Josaphat, l'ordre en est expédié.

II.

Avant ce jour-là, des signes paraîtront, mais ils seront effroyables ; la peur sera telle que les hommes sécheront de frayeur et tomberont à terre.

III.

Au son de la trompette, l'Ange fera le tour des cimetières de toute la terre, donnant l'ordre aux morts de se lever, pour rendre compte de leurs œuvres, leur disant que le grand jour est arrivé.

IV.

Ceux qui sont morts sur mer et qui ont été dévorés par les poissons ; ceux qui ont été mangés par des vautours, ceux-là même dont les corps ont été brûlés et les cendres jetées au vent, ressusciteront à l'instant.

CANTIQUE

SUR LA DIGNITÉ DU PRÊTRE.

I.

Dignitate guziz ororen geihena
Ez nehork pretendi yaun aphezarena

Ez bada hautatu
Capabl'ezagutu
Aaron bezala deithatu.

II.

Onxa considera baleza aphezak
Bere caractera zer deraukan mezak
Urhaxak izartuz
Et'obrak phizatuz
Atchiki litzake khunduz.

TRADUCTION.

I.

La dignité du Prêtre est la plus élevée de toutes, et l'homme ne peut y aspirer s'il n'est choisi, reconnu capable et appelé comme Aaron.

II.

Si le Prêtre comprenait bien l'importance de ses fonctions, il mesurerait ses pas, il pèserait ses actions et il en tiendrait compte.

CHANSONS PROFANES.

I.

Ingrat batek nu charmatu,
Bihotzaz zeraut yabetu,
Bethi nago hasberenez
Galduko dudan beldurrez,
Ni zertan nizan badaki,
Irri egiten daut naski.

II.

Habil hasberen tristia,
Khausizak ene maitia.
Habil errokok fidelki,
Maite dudala tendreki;
Ez badu nahi sinhexi
Biziaz dudala exi.

TRADUCTION.

I.

J'ai été séduit par une ingrate ; elle s'est emparée de mon cœur. Je ne fais que soupirer craignant de la perdre ; elle connaît ma position, elle en rit, je crois.

II.

Triste soupir, vas trouver ma bien-aimée. Vas donc et dis lui fidèlement que je l'aime tendrement et que, si elle ne veut pas le croire, je désespère de ma vie.

LETTRES ADRESSÉES A L'AUTEUR,

AU SUJET DE SA GRAMMAIRE BASQUE.

Nous accédons au désir de M. SALABERRY, en imprimant, à la fin de son ouvrage, les lettres ci-après que des amis lui ont adressées dans le temps, à l'occasion d'une *Grammaire Basque* encore à l'état de manuscrit.

(Note de l'éditeur.)

« Lacarre, 26 Juin 1851.

« MON CHER MONSIEUR SALABERRY,

« Je vous renvoie le précieux manuscrit de votre *Grammaire de la Langue Basque*. Je vous remercie bien de l'attention que vous avez eue de m'en donner communication.

« Je ne suis pas fort compétent pour vous formuler une opinion raisonnée sur la valeur de cet ouvrage ; mais je puis attester que les phrases basques dont vous vous y servez pour exemples, afin d'éclairer vos lecteurs, ou appuyer vos raisonnements, sont bien prises dans la langue telle que nous la parlons dans notre vallée de Baïgorry où, selon nous, l'idiome de nos aïeux a conservé le plus de pureté.

« C'est avec frayeur que je considère le travail que vous avez dû vous imposer pour mener cet ouvrage à bonne fin. J'associe à son succès mon amour-propre de Basque.

« En attendant que vous accueilliez du public littéraire les éloges que, sans doute, vous méritez, veuillez, mon cher Monsieur Salaberry, accueillir mes souhaits de bonne chance et au besoin les encouragements d'un des enfants de nos montagnes.

« HARISPE,

« *Général de Division.* »

« Mauléon, le 2 Mars 1852.

« MON CHER MONSIEUR,

« Vous me faites trop d'honneur en me soumettant votre manuscrit sur la *Grammaire Basque*. Je parle notre belle et chère langue, comme tous ceux qui sont nés dans le pays; mais, je suis obligé de l'avouer en toute humilité, je ne l'ai pas étudiée dans ses principes et ses racines. Vous savez que des fonctions administratives qui m'ont été confiées dans ma première jeunesse ont pris mon meilleur temps, et m'ont laissé peu de loisirs pour les jouissances littéraires. Vous faites bien mieux que moi, vous qui cependant avez eu aussi des occupations sérieuses pendant une longue carrière utilement employée.

« J'ai lu cependant avec un grand plaisir votre ouvrage qui sera, je n'en doute pas, apprécié par les hommes compétents en cette matière délicate. Ma louange n'ajouterait rien sans doute à son mérite réel; mais je vous engage bien sincèrement à le faire imprimer. Tous nos compatriotes vous sauront gré de cette publication, à laquelle un succès légitime me paraît assuré.

« Agréez, mon cher Monsieur, la nouvelle assurance de mes sentiments les plus affectueux et les plus distingués.

« D'ANDURAIN,

« *Sous-Préfet de Mauléon*. »

« MONSIEUR,

« Il m'a été impossible de vous renvoyer plus tôt le manuscrit que vous avez eu la bonté de me confier.

J'ai voulu le parcourir tout entier, et je l'ai fait avec le plus vif intérêt. Dussé-je blesser votre modestie, Monsieur, je crois devoir vous déclarer qu'aucun auteur, de ceux du moins que je connais, n'a fait une étude aussi approfondie de notre belle langue et du merveilleux mécanisme qui la distingue, surtout dans le système de sa déclinaison et de sa conjugaison dont vous faites si bien ressortir l'étonnante richesse. Je vous félicite d'avoir bravement pris votre parti sur certaines consonnes dont la prononciation a été altérée dans les langues modernes. En étudiant la langue des vieux Cantabres au point de vue d'une langue ancienne, vous avez évité les erreurs de quelques écrivains qui ont eu le tort de l'assimiler à la langue française. Je ne saurais trop vous exhorter à mettre au jour votre travail. Je le juge de nature à fixer l'attention des linguistes sur une langue aussi remarquable par l'harmonie de ses mots que par la hardiesse de ses inversions dans la phrase.

« Veuillez agréer, Monsieur, l'assurance de mes sentiments aussi respectueux que dévoués.

« L'abbé LANDERETCHE,

« *Curé-Archiprêtre.*

« Mauléon, le 16 Avril 1853. »

CERTIFICAT.

« Je soussigné, Harismendi (Jean), avocat-notaire à Saint-Etienne-de-Baïgorry (Basses-Pyrénées), capitaine en retraite, déclare ce qui suit :

« M. Salaberry (d'Ibarolle), mon collègue à Saint-Jean-Pied-de-Port, m'ayant soumis un manuscrit qu'il a intitulé *Grammaire Basque*, je l'ai parcouru avec attention. Je regrette que mon âge et l'état de ma santé ne m'aient point permis de me livrer à un examen approfondi de cet ouvrage important, et bien utile pour la contrée. Toutefois, le plan conçu par l'auteur, pour faire connaître au public la langue de nos ancêtres, dont l'origine remonte à la plus haute antiquité, conservée dans sa pureté chez les montagnards pyrénéens qui se croient descendre des Ibériens par les Cantabres ; son plan, dis-je, m'a paru excellent et son exécution heureuse dans le développement de ses principes, surtout dans l'exposé de la riche déclinaison de noms, et dans celui de la conjugaison des verbes, si variée et si simple tout à la fois dans son mécanisme.

« De plus, je certifie en homme d'honneur que les exemples nombreux que l'auteur y offre sont parfaitement conformes à la langue basque telle qu'elle est en usage soit au présent canton, soit dans la vallée limitrophe de Baztan, en Espagne, avec cette circonstance que moi-même, né à Baïgorry en 1763, avocat en 1786, nommé cette même année avec dispense d'âge notaire à Saint-Jean-Pied-de-Port, d'où je transférai ici ma résidence en 1788, blessé pendant la guerre de 1793 en me battant et repoussant une attaque des Espagnols, à la tête d'une compagnie franche du pays que je commandais, par un coup de feu reçu au genou droit qui est resté ankilosé ; par ce motif rentré en 1794 au notariat que j'exerce sans interruption depuis lors à cette même résidence de Baïgorry; que moi-même, dis-je, je suis journellement obligé de faire usage de cette langue basque avec mes compatriotes dont la majeure partie vit dans l'ignorance de toute autre, et, souvent, de rédiger leurs conventions en français dans des actes faisant foi en justice. En foi de quoi je délivre à l'auteur de la *Grammaire Basque* la présente attestation de la vérité des faits sus-énoncés.

« Fait à Saint-Etienne-de-Baïgorry, le 23 Juin 1851.

« HARISMENDI,

« *Notaire à Saint-Etienne-de-Baïgorry.* »

« Saint-Jean-le-Vieux, le 24 Décembre 1853.

« Monsieur,

« J'ai parcouru le manuscrit intitulé : *Grammaire Basque*, que vous m'avez confié. J'ai admiré votre persévérance pour un travail si long et si laborieux : il me paraît réunir toutes les conditions propres à rendre intelligible au lecteur étranger les principes de cette langue-mère si peu répandue, conservée pure dans nos montagnes, et dont l'origine se perd dans la nuit des temps. Je regrette que mes connaissances linguistiques soient trop bornées pour que j'aie pu apprécier, en détail, le mérite de votre ouvrage : cependaut je puis attester que les exemples nombreux que vous y offrez sont parfaitement conformes à la langue basque telle qu'elle est en usage chez nos prêtres en chaire et parmi les habitants de nos campagnes.

« Recevez, Monsieur, l'assurance de ma considération la plus distinguée.

« *Le Juge de paix du canton de St-Jean-Pied-de-Port*,

« A. D'ANDURAIN. »

« Ossès, le 13 Mars 1853.

« Monsieur,

« J'ai parcouru avec un vif intérêt votre manuscrit sur la langue basque, en regrettant néanmoins de n'avoir pas pu disposer de plus de temps pour lire un travail de cette importance avec l'attention qu'il mérite.

« Bien qu'en pareille matière l'opinion d'un homme qui ne s'est livré à aucune étude spéciale sur la langue basque soit de peu de poids, je puis dire que les exemples cités par vous à l'appui de vos démonstrations sont conformes à notre langue, telle qu'on la parle dans les cantons de Saint-Jean-Pied-de-Port et de Baïgorry. Il m'a paru, en outre, que vous avez fait preuve d'érudition, d'ordre et de clarté, dans la manière dont vous vous êtes acquitté de ce travail de longue haleine, et incontestablement aussi de patriotisme en y consacrant votre temps et votre labeur.

« Veuillez croire aux sentiments dévoués de votre très-humble serviteur.

« G.-F. LARRE,

« *Juge de paix de Baïgorry.* »

« J'ai parcouru pour la seconde fois avec un vif intérêt le beau travail de M. Salaberry sur la langue basque. Les linguistes qui le liront attentivement seront étonnés, je n'en doute pas, de ce qu'il a fallu d'intelligence et de sagacité pour jeter tant de lumières sur le mécanisme et les variétés presque infinies de notre verbe : et le pays Basque saura gré au vénérable auteur de l'avoir doté d'une *Grammaire* complète qu'il ne possédait pas encore.

« Saint-Jean-Pied-de-Port, 22 Avril 1853.

« LANTHARET, *Prêtre.* »

CONJUGAISON

DES VERBES AUXILIAIRES BASQUES.

Nous avons la conscience de n'avoir rien négligé pour offrir un Vocabulaire aussi complet que possible, afin d'enseigner la langue basque à ceux qui veulent l'apprendre; mais nous ne pouvons nous flatter d'y avoir entièrement réussi.

Outre les difficultés que les auteurs trouvent dans la composition des Dictionnaires, nous en avons subi une spéciale pour notre idiome, en ce que les verbes auxiliaires seuls en renferment le principal mécanisme; la distinction des deux nombres, singulier et pluriel, celle des deux genres, de la familiarité et du respect des interlocuteurs, le tout concentré, exclusivement aux autres verbes. Ces distinctions sont marquées au moyen des modifications qui s'opèrent sur les mêmes mots par des monosyllabes et par de simples lettres placées suivant les règles grammaticales. Il en résulte que ces conjugaisons se manifestent par des expressions nombreuses et analogues, mais très-variées, dont chacune a une signification particulière.

Pour un Vocabulaire basque suivant l'ordre alphabétique, ces variations nombreuses et l'analogie des mots en fournissent une série occupant un certain espace ; cependant cette série est souvent interrompue par ce même ordre alphabétique qui fait admettre des mots étrangers à cette conjugaison, comme dans l'exemple suivant :

MINTZA	*Hakio*, v.	Parle-lui.
	Hala, adv.	Comme ça.
	Halaber, adv.	De même.
	Halabiz, adv.	Ainsi soit-il.
MINTZA	*Hakit*, v.	Parle-moi.

Ainsi le lecteur y trouve la série des mots de la conjugaison des auxiliaires basques, qu'il a tant d'intérêt à conserver dans sa mémoire ou sur le papier, souvent interrompue par des mots étrangers, et les mots qui font partie de cette conjugaison ne sauraient être traduits en une autre langue que par des périphrases. Cependant on ne peut se flatter de connaître une langue si l'on ne sait pas en conjuguer les verbes principaux. Dans cet état de choses, le seul moyen que j'ai cru pouvoir employer pour faire cesser cet inconvénient a été d'offrir à nos lecteurs : 1° les copies entières des conjugaisons des deux auxiliaires basques, tirées d'une Grammaire manuscrite ; 2° des extraits des conjugaisons du verbe *ahal* (pouvoir) et du verbe *erran* (dire), tirés de la même Grammaire, lesquels verbes, dans certaines parties irrégulières, produisent le même inconvénient que les verbes auxiliaires pour le Vocabulaire basque.

Nous prions les lecteurs de considérer l'exposé de ces conjugaisons comme un supplément du Vocabulaire ; ils y trouveront sans peine les mots qui auront été omis dans l'ouvrage principal.

Nous leur ferons observer que, dans cette conjugaison, nous distinguons par le chiffre 1 le langage de la première personne envers la deuxième personne, lorsque celle-ci est du genre masculin et qu'elle est traitée familièrement; par le chiffre 2, le langage de la première envers la seconde personne, lorsque celle-ci est du genre féminin et qu'elle est traitée familièrement ; par le chiffre 3, le langage envers la troisième personne, quand l'interlocuteur veut la respecter ; par le chiffre 4, le langage tenu vaguement, à l'exemple des Français et autres, sans application des phrases, à la deuxième personne; enfin, par le chiffre 5, l'absence de la distinction du genre, distinction que les principes repoussent dans cet endroit.

Au moyen de ce complément, notre Vocabulaire devient tout ce qu'il doit être.

CONJUGAISON DU VERBE AUXILIAIRE IZAN (Être).

Indicatif présent.

1. *Nuk*	Je suis, parlant à une personne du genre masculin traitée familièrement.
2. *Nun*	Je suis, parlant à une personne du genre féminin traitée familièrement.
3. *Nuzu*	Je suis, parlant à une personne, de l'un ou de l'autre sexe, respectée par l'individu qui parle.
4. *Niz* ou *naiz*	Je suis, sans aucun rapport aux personnes auxquelles la parole est adressée.
0. *Hiz* ou *haiz*	Tu es, parlant à une personne sans indication de genre.
3. *Zire* ou *zare*	Vous êtes, parlant à une personne respectée.
1. *Duk* 2. *Dun* 3. *Duzu* 4. *Da*	Il ou elle est.
1. *Gituk* ou *gaituk* 2. *Gitun* ou *gaitun* 3. *Gituzu* ou *gaituzu* 4. *Gire* ou *gare*	Nous sommes.
0. *Zirete* ou *zarete*	Vous êtes.

1. *Dituk* 2. *Ditun* 3. *Dituzu* 4. *Dira* ou *dire*	Ils ou elles sont.

Imparfait.

1. *Nindukan* 2. *Nindunan* 3. *Ninduzun* 4. *Ninzan*	J'étais ou je fus.
0. *Hinzan*	Tu étais ou tu fus.
3. *Zinen*	Vous étiez ou vous fûtes.
1. *Zukan* 2. *Zunan* 3. *Zuzun* 4: *Zen*	Il ou elle était.
1. *Gintukan* 2. *Gintunan* 3. *Gintuzun* 4. *Ginen*	Nous étions ou nous fûmes.
0. *Zineten*	Vous étiez ou vous fûtes.
1. *Zitukan* 2. *Zitunan* 3. *Zituzun* 4. *Ziren*	Ils ou elles étaient, ou bien ils ou elles furent.

Passé.

1. *Izan nuk* 2. *Izan nun* 3. *Izan nuzu* 4. *Izan niz* ou *naiz*	J'ai été.
0. *Izan hiz* ou *haiz*	Tu as été.
3. *Izan zire* ou *zira*	Vous avez été.

1. *Izan duk* 2. *Izan dun* 3. *Izan duzu* 4. *Izan da*	Il ou elle a été.
1. *Izan gituk* ou *gaituk* 2. *Izan gitun* ou *gaitun* 3. *Izan gituzu* ou *gaituzu* 4. *Izan gire* ou *gare*	Nous avons été.
0. *Izan zirete* ou *zarete*	Vous avez été.
1. *Izan dituk* 2. *Izan ditun* 3. *Izan dituzu* 4. *Izan dire*	Ils ou elles ont été.

Plus-que-parfait.

1. *Izan nindukan* 2. *Izan nindunan* 3. *Izan ninduzun* 4. *Izan ninzan*	J'avais été.
0. *Izan hinzen*	Tu avais été.
3. *Izan zinen*	Vous aviez été.
1. *Izan zukan* 2. *Izan zunan* 3. *Izan zuzun* 4. *Izan zen*	Il ou elle avait été.
1. *Izan gintukan* 2. *Izan gintunan* 3. *Izan gintuzun* 4. *Izan ginen*	Nous avions été.
0. *Izan zineten*	Vous aviez été.
1. *Izan zitukan* 2. *Izan zitunan* 3. *Izan zituzun* 4. *Izan ziren*	Ils ou elles avaient été.

Futur.

1. *Izan-en nuk* 2. *Izan-en nun* 3. *Izan-en nuzu* 4. *Izan-en niz* ou *naiz.*	Je serai.
0. *Izan-en hiz* ou *haiz*	Tu seras.
3. *Izan-en zare*	Vous serez, au singulier.
1. *Izan-en duk* 2. *Izan-en dun* 3. *Izan-en duzu* 4. *Izan-en da*	Il ou elle sera.
1. *Izan-en gituk* ou *gaituk* 2. *Izan-en gitun* ou *gaitun* 3. *Izan-en gituzu* ou *gaituzu* 4. *Izan-en gire* ou *gare*	Nous serons.
0. *Izan-en zirete*, ou *zarete.*	Vous serez, au pluriel.
1. *Izan-en dituk* 2. *Izan-en ditun* 3. *Izan-en dituzu* 4. *Izan-en dire*	Ils ou elles seront.

Futur antérieur.

1. *Izan nukek* 2. *Izan nuken* 3. *Izan nukezu* 4. *Izan nizateke*	J'aurai été.
0. *Izan hizateke*	Tu auras été.
3. *Izan zirateke*	Vous aurez été.
1. *Izan dukek* 2. *Izan duken* 3. *Izan dukezu* 4. *Izan dateke*	Il ou elle aura été

1. *Izan gituzkek* 2. *Izan gituzken* 3. *Izan gituzkezu* 4. *Izan girateke*	Nous aurons été.
0. *Izan ziratekete.*	Vous aurez été, au pluriel.
1. *Izan gituzkek* 2. *Izan gituzken* 3. *Izan dituzkezu* 4. *Izan dirateke*	Ils ou elles auront été.

Conditionnel présent.

1. *Izan nindaitekek* 2. *Izan nindaiteken* 3. *Izan nindaitekezu.* 4. *Izan nindaiteke*	Je pourrais être.
0. *Izan hindaiteke*	Tu pourrais être.
0. *Izan zindaizteke*	Vous pourriez être.
1. *Izan laitekek* 2. *Izan laiteken* 3. *Izan laitekezu* 4. *Izan laiteke*	Il ou elle pourrait être.
1. *Izan gindaiztekek* 2. *Izan gindaizteken* 3. *Izan gindaiztekezu* 4. *Izan gindaizteke*	Nous pourrions être.
0. *Izan zindaiztekete*	Vous pourriez être.
1. *Izan laiztekek* 2. *Izan laizteken* 3. *Izan laiztekezu* 4. *Izan laizteke*	Ils ou elles pourraient être.

Conditionnel passé.

1. *Izan-en nindukan* 2. *Izan-en nindunan* 3. *Izan-en ninduzun* 4. *Izan-en ninzan*	J'aurais été.
0. *Izan-en hinzan*	Tu aurais été.
1. *Izan-en zukan* 2. *Izan-en zunan* 3. *Izan-en zuzun* 4. *Izan-en zen*	Il ou elle aurait été.
1. *Izan-en gintukan* 2. *Izan-en gintunan* 3. *Izan-en gintuzun* 4. *Izan-en ginen*	Nous aurions été.
0. *Izan-en zineten*	Vous auriez été.
1. *Izan-en zitukan* 2. *Izan-en zitunan* 3. *Izan-en zituzun* 4. *Izan-en ziren*	Ils ou elles auraient été.

Impératif.

0. *Izan hadi*	Sois.
3. *Izan zite* ou *zaite*	Soyez.
0. *Izan bedi*	Qu'il ou qu'elle soit.
0. *Izan giten* ou *gaiten.*	Soyons.
0. *Izan zitezte* ou *zaitezte*	Soyez.
0. *Izan bite*	Qu'ils ou qu'elles soient.

Subjonctif présent ou futur.

0. *Izan nadin*	Que je sois.
0. *Izan hadin*	Que tu sois.
3. *Izan ziten* ou *zaiten*	Que vous soyez.

0. *Izan dadin*	Qu'il ou qu'elle soit.
0. *Izan giten* ou *gaiten*	Que nous soyons.
0. *Izan zitezten* ou *zaitezten*	Que vous soyez.
0. *Izan diten*	Qu'ils ou qu'elles soient.

Passé.

0. *Izan nindadin*	Que je fusse.
0. *Izan hindadin*	Que tu fusses.
3. *Izan zinten*	Que vous fussiez.
0. *Izan zadin*	Qu'il fût ou qu'elle fût.
0. *Izan ginten*	Que nous fussions.
0. *Izan zindezten*	Que vous fussiez.
0. *Izan ziten*	Qu'ils ou qu'elles fussent.

Infinitif.

RADICAL	*Izan*	Exister ou être.
SUBSTANTIF	*Izai-te*	Existence ou être.
ADJECTIF	*Izan-a*	Celui qui a existé, ou qui a été.
PARTICIPE PRÉSENT	*Izaite-an*	En existant ou étant.
DESTINATIF	*Izai-te-ko*	Pour exister ou pour être.
FUTUR	*Izai-te-ra*	A exister, à être.
ACTIF	*Izan-ez*	Par l'existence.
PRÉTÉRIT	*Izan*	Existé, été.
PRÉTÉRIT ANTÉRIEUR	*Izan-ik*	Ayant existé, ayant été

VERBE AUXILIAIRE UKHAN.

Dans la conjugaison de ce verbe, nous suivrons la même marche, en indiquant, par des chiffres, les locutions particulières employées, tant en adressant la parole à la seconde personne du singulier du genre masculin et du genre féminin, traitée familièrement, qu'à la seconde personne du singulier de l'un ou de l'autre sexe, que la première veut respecter, comme aussi lorsque l'individu parle, dans un sens vague, sans désigner, dans le verbe, la personne à laquelle il adresse la parole.

Mais, avant d'aller plus loin, nous devons répéter que les verbes auxiliaires seuls marquent le nombre singulier et le nombre pluriel, et que les autres n'en contiennent aucun signe. L'action exprimée par les verbes transitifs ou actifs, tombant sur des personnes ou des choses autres que celles qui sont employées comme sujets de la proposition, le verbe auxiliaire *ukhan* signale le nombre de ces personnes ou de ces choses, qui en forment le complément et qui reçoivent cette action.

Il est inutile de dire que l'action exprimée par

tous les verbes intransitifs tombant sur le sujet même de la proposition, le verbe auxiliaire *izan*, qui les accompagne, n'est pas susceptible de cette double conjugaison comme le verbe *ukhan;* de sorte que la conjugaison du verbe *izan* est simple et celle du verbe *ukhan* double.

Nous en présentons le tableau en deux colonnes ; dans la première se trouve la conjugaison de l'auxiliaire *ukhan,* lorsque le verbe a pour régime ou complément direct un nom du nombre singulier, et la seconde est pour celle du même auxiliaire *ukhan*, lorsque le régime du verbe est au nombre pluriel.

Indicatif présent.

POUR LE SINGULIER.	POUR LE PLURIEL.	
1. *Diat*	*Ditiat*	J'ai, parlant à une personne du genre masculin traitée familièrement.
2. *Dinat*	*Ditinat*	J'ai, parlant à une personne du genre féminin traitée familièrement.
3. *Dizit*	*Ditizit*	J'ai, parlant à une personne de l'un ou de l'autre sexe que celui qui parle veut respecter.
4. *Dut*	*Ditut*	J'ai, affirmation qui n'indique point de rapport de la 1re personne à la 2me personne.
1. *Duk*	*Dituk*	Tus l'as pour la 1re colonne, et tu les a pour la 2me.

2. *Dun*	*Ditun*	Tu l'as pour la 1re colonne, et tu les a pour la 2me.
3. *Duzu*	*Dituzu*	Vous l'avez pour la 1re colonne, et vous les avez pour la 2me.

Suite de l'Indicatif présent.

1. *Dik* 2. *Din* 3. *Dizi* 4. *Dut*	*Ditik* *Ditin* *Ditizi* *Ditu*	Il ou elle l'a pour la 1re colonne, et il ou elle les a pour la 2me.
1. *Diagu* 3. *Dizugu* 4. *Dugu*	*Ditiagu* *Ditizugu* *Ditugu*	Nous l'avons pour la 1re colonne, et nous les avons pour la 2me.
0. *Duzue*	*Dituzue*	Vous l'avez pour la 1re colonne, et vous les avez pour la 2me.
1. *Die* 2. *Dine* 3. *Dizie* 4. *Dute*	*Ditie* *Ditine* *Ditizie* *Dituzte*	Ils ou elles l'ont pour la 1re colonne, et ils ou elles les ont pour la 2me.

Imparfait.

1. *Nikan* 2. *Ninan* 3. *Nizin* 4. *Nuen*	*Nitikan* *Nitinan* *Nitizin* *Nituen*	Je l'avais, je les avais.
0. *Huen*	*Hituen*	Tu l'avais, tu les avais.
3. *Zinduen*	*Zindituen*	Vous l'aviez, vous les aviez.
1. *Zikan* 2. *Zinan* 3. *Zizin* 4. *Zuen*	*Zitikan* *Zitinan* *Zitizin* *Zituen*	Il ou elle l'avait, il ou elle les avait.

1. *Gindikan*	*Ginditikan*	Nous l'avions, nous les avions.
2. *Gindinan*	*Ginditinan*	
3. *Gindizin*	*Ginditizin*	
4. *Ginduen*	*Ginditueu*	
0. *Zinduten*	*Zindituzten*	Vous l'aviez, vous les aviez.
1. *Zitean*	*Zitiztean*	Ils ou elles l'avaient, ils ou elles les avaient.
2. *Zitenan*	*Zitiztenan*	
3. *Zizien*	*Zitizien*	
4. *Zuten*	*Zituzten*	

Passé.

UKHAN	1. *Diat*	*Ditiat*	Je l'ai eu, je les ai eus.
	2. *Dinat*	*Ditinat*	
	3. *Dizit*	*Ditizit*	
	4. *Dut*	*Ditut*	
UKHAN	1. *Duk*	*Dituk*	Tu l'as eu, tu les a eus.
	2. *Dun*	*Ditun*	
	3. *Duzu*	*Dituzu*	Vous l'avez eu, vous les avez eus.
UKHAN	1. *Dik*	*Ditik*	Il ou elle l'a eu, il ou elle les a eus.
	2. *Din*	*Ditin*	
	3. *Dizi*	*Ditizi*	
	4. *Du*	*Ditu*	
UKHAN	1. *Diagu*	*Ditiagu*	Nous l'avons eu, nous les avons eus.
	2. *Dinagu*	*Ditinagu*	
	3. *Dizugu*	*Ditizugu*	
	4. *Dugu*	*Ditugu*	
	0. *Duzue*	*Dituzue*	Vous l'avez eu, vous les avez eus.
UKHAN	1. *Die*	*Ditie*	Ils ou elles l'ont eu, ils ou elles les ont eus.
	2. *Dine*	*Ditine*	
	3. *Dizie*	*Ditizie*	
	4. *Dute*	*Dituzte*	

Plus-que-parfait.

UKHAN	1. *Nikan*	*Nitikan*	Je l'avais eu, je les avais eus.
	2. *Ninan*	*Nitinan*	
	3. *Nizin*	*Nitizin*	
	4. *Nuen*	*Nituen*	
	0. *Huen*	*Hituen*	Tu l'avais eu, tu les avais eus.
	3. *Zinduen*	*Zindituen*	Vous l'aviez eu, vous les aviez eus.
	1. *Zikan*	*Zitikan*	Il ou elle l'avait eu, il ou elle les avait eus.
	2. *Zinan*	*Zitinan*	
	3. *Zizin*	*Zitizin*	
	4. *Zuen*	*Zituen*	
	1. *Gindikan*	*Ginditikan*	Nous l'avions eu, nous les avions eus.
	2. *Gindinan*	*Ginditinan*	
	3. *Gindizin*	*Ginditizin*	
	4. *Ginduen*	*Ginditinen*	
	0. *Zinduten*	*Zindituzten*	Vous l'aviez eu, vous les aviez eus.
	1. *Zitean*	*Zitiztean*	Ils ou elles l'avaient eu, ils ou elles les avaient eus.
	2. *Zitenan*	*Zitiztenan*	
	3. *Zizien*	*Zitizien*	
	4. *Zuten*	*Zituzten*	

Futur.

UKHAN-EN	1. *Diat*	*Ditiat*	Je l'aurai, je les aurai.
	2. *Dinat*	*Ditinat*	
	3. *Dizit*	*Ditizit*	
	4. *Dut*	*Ditut*	
	1. *Duk*	*Dituk*	Tu l'auras, tu les auras.
	2. *Dun*	*Ditun*	
	3. *Duzu*	*Dituzu*	Vous l'aurez, vous les aurez.

UKHANEN-EN	1. *Dik*	*Ditik*	Il ou elle l'aura, il ou elle les aura.
	2. *Din*	*Ditin*	
	3. *Dizi*	*Ditizi*	
	4. *Du*	*Ditu*	
UKHAN-EN	1. *Diagu*	*Ditiagu*	Nous l'aurons, nous les aurons.
	2. *Dinagu*	*Ditinagu*	
	3. *Dizugu*	*Ditizugu*	
	4. *Dugu*	*Ditugu*	
	Duzue	*Dituzue*	Vous l'aurez, vous les aurez.
UKHAN-EN	1. *Dik*	*Ditik*	Ils ou elles l'auront, ils ou elles les auront.
	2. *Dine*	*Ditine*	
	3. *Dizie*	*Ditizie*	
	4. *Dute*	*Dituzte*	

Futur relatif.

UKHAN	1. *Dikeat*	*Ditizkeat*	Je l'aurai eu, je les aurai eus.
	2. *Dikenat*	*Ditizkenat*	
	3. *Dikezit*	*Ditizkezit*	
	4. *Dukek*	*Dituzket*	
UKHAN	1. *Dukek*	*Dituzkek*	Tu l'auras eu, tu les auras eus.
	2. *Duken*	*Dituzken*	
	3. *Dukezu*	*Dituzkezu*	Vous l'aurez eu, vous les aurez eus.
UKHAN	1. *Dikek*	*Dituzkek*	Il ou elle l'aura eu, il ou elle les aura eus.
	2. *Diken*	*Ditizken*	
	3. *Dikezi*	*Ditizkezi*	
	4. *Duke*	*Dituzke*	
UKHAN	1. *Dikeguk*	*Ditizkeguk*	Nous l'aurons eu, nous les aurons eus.
	2. *Dikegun*	*Ditizkegun*	
	3. *Dikeguzu*	*Ditizkeguzu*	
	4. *Dukegu*	*Dituzkegu*	
	Dukezie	*Dituzkezie*	Vous l'aurez eu, vous les aurez eus

Ukhan 1.	*Dikeye*	*Ditizkeye*	Ils ou elles l'auront eu, ils ou elles les auront eus.
2.	*Dikene*	*Ditizkene*	
3.	*Dikezie*	*Ditizkezie*	
4.	*Dukete*	*Dituzkete*	

Conditionnel présent ou futur.

POUR LE SINGULIER :

Ukhan 1.	*Nezakek* ou *nirok*	Je pourrais l'avoir.
2.	*Nezaken* ou *niroken*	
3.	*Nezakezu* ou *nirokezu*	
4.	*Nezake* ou *niroke*	
0.	*Hezake* ou *hiro*	Tu pourrais l'avoir
3.	*Zendezake* ou *zindiro*	Vous pourriez l'avoir.
Ukhan 1.	*Lezakek* ou *liron*	Il ou elle pourrait l'avoir.
2.	*Lezaken* ou *liron*	
3.	*Lezakezu* ou *lirozu*	
4.	*Lezake* ou *liro*	
Ukhan 1.	*Gindezakek* ou *gindirok*	Nous pourrions l'avoir.
2.	*Gindiroken* ou *gindiron*	
3.	*Gindirokezu* ou *gindirozu*	
4.	*Gindezake* ou *gindiro*	
Ukhan	*Zindezakete* ou *zindirote*	Vous pourriez l'avoir.
Ukhan 1.	*Lezakeye* ou *liroye*	Ils ou elles pourraient l'avoir.
2.	*Lezakene* ou *lirone*	
3.	*Lezakezie* ou *lirozie*	
4.	*Lezakete* ou *lirote*	

POUR LE PLURIEL :

UKHAN	1. *Nitzazkek* ou *nirozkek* 2. *Nitzazken* ou *nirozken* 3. *Nitzazkezu* ou *nirozkezu* 4. *Nitzazke* ou *nirozke*	Je pourrais les avoir.
	0. *Hitzazke* ou *hitiro*	Tu pourrais les avoir.
	3. *Zinditzazke* ou *zindirozke*	Vous pourriez les avoir.
UKHAN	1. *Litzazkek* ou *lirozkek* 2. *Litzazken* ou *lirozken* 3. *Litzazkezu* ou *lirozkezu* 4. *Litzazke* ou *lirozke*	Il ou elle pourrait les avoir.
UKHAN	1. *Ginditzazke* ou *gindirozkek* 2. *Ginditzazken* ou *gindirozken* 3. *Ginditzazkezu* ou *gindirozkezu* 4. *Ginditzazke* ou *gindirozke*	Nous pourrions les avoir.
UKHAN	*Zinditzazkete* ou *zindirozte*	Vous pourriez les avoir.
UKHAN	1. *Litzazkeye* ou *lirozkeye* 2. *Litzazkene* ou *lirone* 3. *Litzazkezie* ou *lirozkezie* 4. *Litzazkete* ou *lirozkete*	Ils ou elles pourraient les avoir.

Passé.

POUR LE SINGULIER :

UKHAN-EN	1. *Nikan* 2. *Ninan* 3. *Nizin* 4. *Zuen*	Je l'aurais eu.
UKHAN-EN	0. *Huen*	Tu l'aurais eu.
UKHAN-EN	3. *Zinduen*	Vous l'auriez eu.

UKHAN-EN	1. *Zikan* 2. *Zinan* 3. *Zizin* 4. *Zuen*	Il ou elle l'aurait eu.
UKHAN-EN	1. *Gindikan* 2. *Gindinan* 3. *Gindizin* 4. *Ginduen*	Nous l'aurions eu.
UKHAN-EN	0. *Zinduten*	
UKHAN-EN	1. *Zian* 2. *Zitenan* 3. *Zizien* 4. *Zuten*	Ils ou elles l'auraient eu.

POUR LE PLURIEL :

UKHAN-EN	1. *Nitikan* 2. *Nitinan* 3. *Nitizin* 4. *Zituen*	Je les aurais eus ou je les aurais eues.
UKHAN-EN	0. *Hituen*	Tu les aurais eus ou tu les aurais eues.
UKHAN-EN	3. *Zindituen*	Vous les auriez eus ou vous les auriez eues.
UKHAN-EN	1. *Zitikan* 2. *Zitinan* 3. *Zitizin* 4. *Zituen*	Il ou elle les aurait eus ou il ou elle les aurait eues.
UKHAN-EN	*Ginditikan* 2. *Ginditinan* 3. *Ginditizin* 4. *Gindituen*	Nous les aurions eus ou nous les aurions eues.
UKHAN-EN	0. *Zindituzten*	Vous les auriez eus ou vous les auriez eues.

UKHAN-EN 1. *Zitiztean* 2. *Zitiztenan* 3. *Zitizien* 4. *Zituzten*		Ils ou elles les auraient eus ou ils ou elles les auraient eues.

Impératif.

UKHAN 1. *Ezak* 2. *Ezan*	*Itzak* *Itzan*	Ayez-le, ayez-les.
3. *Ezazu*	*Itzazu*	Ayez-le, ayez-les.
0. *Beza*	*Bitza*	Qu'il ou qu'elle l'ait, les ait.
0. *Dezagun*	*Ditzagun*	Ayons-le, Ayons-les.
0. *Ezazue*	*Itzazue*	Ayez-le, ayez-les.
0. *Bezate*	*Bitzazte*	Qu'ils ou qu'elles l'aient, les aient.

Subjonctif présent ou futur.

UKHAN *Dezadan*	*Ditzadan*	Que je l'aie, les aie.
1. *Dezakan* 2. *Dezanan*	*Ditzakan* *Ditzanan*	Que tu l'aies, les aie.
3. *Dezazun*	*Ditzazun*	Que vous l'ayez, les ayez.
Dezan	*Ditzan*	Qu'il ou qu'elle l'ait, les ait.
UKHAN *Dezagun*	*Ditzagun*	Que nous l'ayons, les ayons.
Dezazuen	*Ditzazuen*	Que vous l'ayez, les ayez.
Dezaten	*Ditzaten*	Qu'ils ou qu'elles l'aient, les aient.

Passé.

UKHAN 0. *Nezan*	*Nitzan*	Que je l'eusse, les eusse.

0. *Hezan*	*Hitzan*	Que tu l'eusses, les eusses.
3. *Zindezan*	*Zinditzan*	Que vous l'eussiez, les eussiez.
0. *Zezan*	*Zitzan*	Qu'il ou qu'elle l'eût, les eût.
0. *Gindezan*	*Ginditzan*	Que nous l'eussions, les eussions.
0. *Zindezaten*	*Zinditzaten*	Que vous l'eussiez, les eussiez.
0. *Zezaten*	*Zitzaten*	Qu'ils ou qu'elles l'eussent, les eussent.

Infinitif.

Radical	*Ukhan*	Avoir.
Substantif	*Ukhai-te*	Avoir.
Adjectif	*Ukhan-a*	Ce qu'on a eu.
Participe présent	*Ukhai-te-an*	En recevant, en obtenant.
Destinatif	*Ukhai-te-ko*	Pour avoir, pour obtenir.
Futur	*Ukhai-te-ra*	A avoir, à obtenir.
Actif	*Uhkan-ez*	Par avoir, par obtenir.
Prétérit	*Ukhan*	Eu, reçu.
Prétérit antérieur	*Ukhan-ik*	Ayant eu, ayant reçu.

Conjugaison du verbe AHAL (pouvoir) dans son irrégularité.

Lagunt	0. *Hiroket* ou *hezaket* 3. *Zirozket* ou *zitzazket*	Je puis t'aider. Je puis vous aider, au singulier.
	0. *Zitzazketet*	Je puis vous aider, au pluriel.
Lagunt	1. *Diroyat* ou *dezakeat* 2. *Dironat* ou *dezakenat* 3. *Dirozut* ou *dezakezut* 4. *Dirot* ou *dezaket*	Je puis l'aider.
Lagunt	1. *Dirozkeat* ou *ditzazkeat* 2. *Dirozkenat* ou *ditzazkenat* 3. *Dirozkezut* ou *ditzazkezut* 4. *Dirozket* ou *ditzazket*	Je puis les aider.
Lagunt	1. *Niroket* ou *nezakek* 2. *Niron* ou *nezaken*	Tu peux m'aider.
	3. *Nirozu* ou *nezakezu*	Vous pouvez m'aider.
Lagunt	1. *Gitzazkek* 2. *Gitzazken*	Tu peux nous aider.
	3. *Gitzazkezu*	Vous pouvez nous aider.
Lagunt	1. *Dirok* ou *dezakek* 2. *Diron* ou *dezaken*	Tu peux l'aider.
	3. *Dirozu* ou *dezakezu*	Vous pouvez l'aider.
Lagunt	1. *Ditzazkek* 2. *Ditzazken*	Tu peux les aider.
	3. *Ditzazkezu*	Vous pouvez les aider.

Lagunt	1. *Nirok* 2. *Niron* ou *nezaken*	Il ou elle peut m'aider.
	3. *Nirozu* ou *nezakezu* 4. *Niro* ou *nezake*	Il ou elle peut m'aider.
	3. *Girozkezu* ou *gitzazkezu*	Il ou elle peut nous aider.
Lagunt	0. *Hirokegu* ou *hezakegu*	Nous pouvons t'aider.
Lagunt	3. *Zitzazkegu*	Nous pouvons vous aider, au singulier.
Lagunt	0. *Zitzazkegute*	Nous pouvons vous aider, au pluriel.
Lagunt	0. *Nezakezie* ou *nezakezue*	Vous pouvez m'aider.
Lagunt	0. *Gitzazkezie*	Vous pouvez nous aider.
Lagunt	0. *Dirozie* ou *dezakezie*	Vous pouvez l'aider.
Lagunt	0. *Dizazkezie*	Vous pouvez les aider.
	1. *Niroye* ou *nezakeye* 2. *Nirone* au *nezakene* 3. *Nirozie* ou *nirokezie* 4. *Nirote* ou *nirokete*	Ils ou elles peuvent m'aider.
Lagunt	0. *Gitzazkete*	Ils ou elles peuvent nous aider
Lagunt	0. *Hirote* ou *hezakete*	Ils ou elles peuvent t'aider.
Lagunt	3. *Zirozkete* ou *zitzazkete*	Ils ou elles peuvent vous aider, au singulier.

Lagunt	0. *Zitzazkete*	Ils ou elles peuvent vous aider, au pluriel.
Lagunt	*Dirote* ou *dezakete*	Ils ou elles peuvent l'aider.
Lagunt	*Dirozkete* ou *ditzazkete*	Ils ou elles peuvent les aider.

Passé ou imparfait.

Lagunt	1. *Hindirokean* 2. *Hindirokenan*	Je pouvais t'aider.
	3. *Zindirozkezun*	Je pouvais vous aider.
Lagunt	1. *Nirokan* 2. *Nironan* 3. *Nirozun* 4. *Niroen*	Je pouvais l'aider.
Lagunt	1. *Nitzazkekan* 2. *Nitzazkenan* 3. *Nintzazkezun*	Je pouvais les aider.
Lagunt	1. *Nindirokekan* 2. *Nindirokenan*	Tu pouvais m'aider.
	3. *Nindirokezun*	Vous pouviez m'aider.
Lagunt	1. *Ginditzazkekan* 2. *Ginditzazkenan*	Tu pouvais nous aider.
	3. *Ginditzazkezun*	Vous pouviez nous aider.
Lagunt	0. *Hirokeyen*	Tu pouvais l'aider.
	0. *Hirozkezkeyen*	Tu pouvais les aider.
	3. *Zindirokeyen*	Vous pouviez l'aider.
	3. *Zinditzazkezun*	Vous pouviez les aider.

Lagunt	1. *Nindikekan* 2. *Nindikenan* 3. *Nindikezin* 4. *Nindukeyen*	Il ou elle pouvait m'aider.
Lagunt	0. *Gindezakeyen*	Il ou elle pouvait nous aider.
Lagunt	0. *Hindezakegun*	Nous pouvions t'aider.
Lagunt	0. *Zinditzazkegun*	Nous pouvions vous aider, au singulier.
Lagunt	0. *Zinditzazkeguten*	Nous pouvions vous aider, au pluriel.
Lagunt	0. *Nindezakezien*	Vous pouviez m'aider.
Lagunt	0. *Ginditzazkezien*	Vous pouviez nous'aider
Lagunt	0. *Zindezakezien*	Vous pouviez l'aider.
	0. *Zinditzazkezien*	Vous pouviez les aider.
Lagunt	1. *Nindezaketean* 2. *Nindezaketenan* 3. *Nindezakezien* 4. *Nindezaketen*	Ils ou elles pouvaient m'aider.
Lagunt	0. *Ginditzazketen*	Ils ou elles pouvaient nous aider.
Lagunt	0. *Hindezaketen*	Ils ou elles pouvaient t'aider.
	3. *Zinditzazketen*	Ils ou elles pouvaient vous aider, au singulier.
	0. *Zinditzazketen*	Ils ou elles pouvaient vous aider, au pluriel.
Lagunt	*Zezaketen*	Ils ou elles pouvaient t'aider.
	Zitzazketen	Ils ou elles pouvaient les aider.

Mots appartenant à la conjugaison irrégulière du verbe ERRAN (dire).

INDICATIF PRÉSENT.

1. *Dioyat* 2. *Dionat* 3. *Diozut* 4. *Diot*	Je dis.
1. *Diok* 2. *Dion*	Tu dis.
3. *Diozu*	Vous dites.
1. *Diok* 2. *Dion* 3. *Diozu*	Il ou elle dit.
1. *Dioguk* 2. *Diogun* 3. *Dioguzu*	Nous disons.
0. *Diozie* ou *diozue*	Vous dites.
1. *Dioye* 2. *Dione* 3. *Diozie* ou *diozue* 4. *Diote*	Ils ou elles disent.

Imparfait ou passé.

1. *Niokan* 2. *Nionan* 3. *Niozun* 4. *Nion*	Je disais.
0. *Hioen*	Tu disais.
3. *Zindioen*	Vous disiez.

1. *Ziokan* 2. *Zionan* 3. *Ziozun*	Il ou elle disait.
1. *Gindiokan* 2. *Gindionan* 3. *Gindiozun*	Nous disions.
0. *Zindioten*	Vous disiez.
1. *Ziotean* 2. *Ziotenan* 3. *Ziozien*	Ils ou elles disaient.

Je soussignée, imprimeur à Bayonne, certifie qu'il n'a été tiré que cinq cents exemplaires, dont un seul sur beau papier coquille satiné, du *Vocabulaire Basque Bas-Navarrais* de M. Salaberry (d'Ibarolle).

Bayonne, le 14 Février 1857.

Ve A. Lamaignère née Teulières.

IMPRIMERIE DE VEUVE LAMAIGNÈRE NÉE TEULIÈRES,
Rue Pont-Mayou, 39.

www.ingramcontent.com/pod-product-compliance
Ingram Content Group UK Ltd.
Pitfield, Milton Keynes, MK11 3LW, UK
UKHW021830190726
13853UKWH00003B/1272

9 782329 568171